山乃書坊

请将你的脂膏

不息地流向人间

培出慰藉底花儿

结成快乐的果子

于漪 著

于漪
知行录

山西出版传媒集团　山西教育出版社

图书在版编目（ＣＩＰ）数据

于漪知行录 / 于漪著. — 太原：山西教育出版社，
2016.5（2020.6重印）（于漪基础教育论稿）
　ISBN　978-7-5440-8349-2

Ⅰ. ①于… Ⅱ. ①于… Ⅲ. ①教育工作-语录-汇编
-中国 Ⅳ. ①G52

中国版本图书馆 CIP 数据核字（2016）第 072764 号

于漪知行录
YUYI ZHIXINGLU

于漪／著

出 版 人	雷俊林
选题策划	李梦燕　刘继安
责任编辑	刘继安
复　　审	彭琼梅
终　　审	杨　文
装帧设计	薛　菲
印装监制	贾永胜
出版发行	山西出版传媒集团·山西教育出版社
	（地址：太原市水西门街馒头巷7号　电话：0351-4729801　邮编：030002）
印　　装	阳谷毕升印务有限公司
开　　本	787×1092　1/32
印　　张	9.5
字　　数	113 千字
版　　次	2016 年 5 月第 1 版　2020 年 6 月第 2 次印刷
印　　数	30 001—35 000 册
书　　号	ISBN　978-7-5440-8349-2
定　　价	32.00 元

如发现印装质量问题，影响阅读，请与印刷厂联系调换。电话：0635-6173567。

前　言

行是知之始，知是行之成。

教育是实践的事业，倾心投入教育实践，反思是非正误、利弊得失，进行梳理、思考，从中获得一些认识，悟得一点道理，记录下来备考。再实践时又以某些认识与经验为指导，验证其正确性与有效性。于是，根据实践中的学情、民情、校情，对认识与经验修正、改进、提升，乃至扬弃，力求"知"逐步接近学科教学规律、学生认知规律。实践、认识，再实践、再认识……在循环往复中，端正自己的人生态度，提高自己的专业素养。

个人的实践与认识，由于种种主客观条件的限制，必然是井底之蛙，视野狭窄，理性思考的深度、厚度远远不够，与教育事业对教师专业要求相距甚大。为此，必须潜心学习，向书本学习，向专家学习，向同行学习，向学生学习，向社会上各行各业有卓越贡献的人学习。

学习一是照镜子，二是择善而从，力求身体力行。读书是自己精神成长、心灵优化的需要，不是装门面，不是对着书，疲劳双眼，而是真心实意从观点到材料认真阅读，反复思考，对照分析。经典、佳作，读到精彩、深邃之处，有醍醐灌顶之妙，击节不可支。思想升腾的同时，又深感自己的无知、浅薄。此时此刻，记点心得，以励前行。

向人与事学习，更是要眼光与胸怀。既学认识相同相似的，更学意见相左的，甚至对立的，而后者更能促进深入学习，促进积极思考、严密思考，更能接近认识事物的本质。学习时不能短视，不能一叶遮目，要看全局、看整体、看基本面，看长远；要善于发现，细于识别，勇于批判、扬弃、超越。一颗装卜的心有浩浩荡荡的学子，有多情的土地，伟只的祖国，胸怀就会无限宽广，无处不是学习的机会，无处没有智慧的闪光。当然，看到不合理的，污泥浊水的，会焦虑，会愤慨，会烦心。林林总总的看法、认识、体会，流于笔端，锲而不舍竟然集成了一本小册子。有说的，有做的，知而行，行了又生新知，故而起名为"知行录"。

许多"知"仍很肤浅，无甚高论；"行"就更不易。嘴上说说不费力，脚踏实地干，干出质量，干出效果，不仅要有持久的内驱动力，而且要有科学态度，奉献精神。有人说，世界上最远的距离，不是天涯，也不是海角，而是说和做的距离。正确的认识要付诸实践是要花大力气的。出版知行录，追求知行合一的境界，既是求教于同行，更是鞭策自己永不懈怠，昂然前行。

目　录

前言

> 人的生命被赋予一种责任，就是精神的成长。用精神的成长创造使命的精彩，铸就生命的辉煌。

> 基础教育是大众教育，须面向全体学生。大众教育不排斥英才教育，但不能只当英才教育的配角。人是有多元智能的，各有所长，各有所短。基础教育着眼于全体学生，为全民族素质的提高奠基。还要清醒地看到，有时有些受教育者并非真"英才"，而是拔苗助长的对象，无后劲。要倾听每个生命的呼唤，施以阳光与雨露。

> 教师的活儿是良心的活儿，手里捧的是
> 学生鲜活的生命，一个个需要精神养料
> 成长的鲜活的生命，要尽心尽力，一丝
> 不苟，把他们培养成为国家的有用之
> 材。工作不是做给别人看的，想获得什
> 么犒赏，最为重要的是对得起每个鲜活
> 的生命，对得起国家托付的千钧重担，
> 对得起自己的良心。

> 教课，就是全身心投入，用生命歌唱。
> 每节课都有你的信念、情操、学识、仁
> 爱之心在闪光；每节课都有亮点，都有
> 耐人咀嚼、耐人寻味的东西，经得起
> 听，不同层面学生都能受益，都会升腾
> 起满足感和上进心。

> 教学语言犹如万能钥匙，功能齐全。只
> 要执教者珍视它，有效地使用它，言之
> 有物、言之有理、言之有序、言之有情、
> 言之有文，学生就会聚精会神、思维活
> 跃，听到精辟精妙处，会情不自禁地欢
> 呼雀跃。这种求知的气氛，求知的欢乐，
> 单凭无生命的信息工具是无法创造的。

民族的语言文字是本民族的文化地质层，它无声地记载着这个民族的物质和精神的历史。爱自己的民族就应该热爱母语，它是民族文化的根。
母语的盛衰，意味着一个民族生命力的盛衰；母语被粗暴对待，实质上是对一个民族心灵的直接挫伤。

读书是人类特有的神圣权利。人有文字，禽兽没有文字，禽兽当然无此权利。读书可跨越时空和圣者相遇，聆听教诲，与智者交往，吮吸精神养料，与同时代的人沟通交流，扩展视野，开启智慧。
人的成长需要心灵的发育，书是心灵发育的珍贵养料。阅读史就是人的心灵发育史，阅读应成为人生的伴侣。

把心交给文字，是一种境界，是一种人生的快乐。
写作是人的生命活力在文字上的展现，生命活力最重要的是"心"。出于真心、诚心、善心、慧心的写作，把心灵

4

受到震撼的人、事、景、物诉之于笔端，或叙述，或议论，或抒情，皆如清泉一般汩汩流淌而出，创造织锦成文的精彩，实乃人间快事！

愚者自以为是，庸者麻木不仁，凡夫指手画脚，俗子急功近利。一校之长须做明白人，肩挑与国家大业兴衰、百姓生活幸福息息相关的重任，要竭尽全力团结全校教职员工聚焦于学生的培养。康德说："什么是教育的目的，人就是教育的目的。"把学生培养成人，是至高无上的责任，也是至高无上的光荣。

了解中国文化的"根"和"魂"，是要解决中国人就是中国人，中国人爱中国的问题。文化价值失落，人就找不到自己的精神家园，于国于民，都会发生危机。

立民族精神之根，树爱国主义之魂，是每个教育工作者、每个青少年学生责无旁贷的担当。

精神须成长

人的生命被赋予一种责任，就是精神的成长。用精神的成长创造使命的精彩，铸就生命的辉煌。

2

人之所以为人，当然不能只停留在生物学的层面，人还要有精神层面的追求。物质生活是生存的基本保证，基本保证满足就能获得快乐。而精神上的追求则是人内在的需求。追求诗意的精神家园，让生命的清泉汩汩流淌，它体现了生命的意义、生命的价值、生命的丰厚与完满。语文教师是育人的人，须帮助学生实现精神上的充实、伸展和提升。

人一辈子都处于价值取向的选择当中，有所"取"，一定要有所"舍"。"舍"的是个人微小私利，"取"的是民族复兴，国泰民安之大利。说说方便，做到不易，关键在修身养性，树立公心。

◇ 生命与使命同行

人的成长是一辈子的事。教育从来不是一个结果，而是一个生命展开的过程，它永远面向未来，不会结束。因此，教师要和学生一起，展开生命，不断成长。一个不重视成长、也不会成长的人，他的视野将越来越逼仄。

生命本来没有名字，没有职位、荣耀、金钱之累，但生命有一种责任，就是精神须成长。众所周知，人有了脊梁骨才能直立行走，人的精神不断成长，理想追求、道德光亮、文化憧憬才会紧密相守相伴，逐步成为一个心灵丰富、品德高尚、情操优美的人。社会欢迎，国家需要，百姓点赞。

◇备课，必须一丝不苟

我给自己立了个规矩，要独立思考，刻苦钻研，力求自己真懂。

4

主动权在自己手中。

生命的意义不是别人给予的，而是自己赋予自己的生命以意义。要想清楚人活着究竟为什么，自觉确立人生的态度，就要明白理想信念是生命存在与发展的核心。

教师不是先知先觉，但对所从事的教育事业、教学工作必须认真地"知"，清醒地"觉"，切不可"不知不觉"，局囿于混沌之中。教育究竟是什么？我到底要做什么？我应该做什么？我现在在做什么？想清楚，就会在正道上迈开步子，奋勇向前。

◇ 课下师生交流

教学，教学，"教"要在学生身上起作用。

◇ 书房静坐

6

◇第二师范学校师生座右铭

精神支柱看似无形，但
能起灵魂作用，有强大的凝
聚力。

人要有精神支柱，否则，立不直，立不正。支柱的核心是人文精神。一个民族没有现代科学技术就会落后，落后就要挨打；一个民族没有人文关怀，精神就会迷失，民族就会异化。一个社会没有人文精神，就是一个病态的社会，难以和谐，难以发展。一个人没有人文精神，就是一个残缺的人，丧失理想、信念，丧失奋斗目标，在个人荣辱得失中浮沉。

8

中华民族具有五千年丰厚的文化积累，其中有宝贵的精神财富，对天地、人生、社会的基本问题，均有深入的探索与思考。如：人生意义、历史与现实、传统与变革、物质与精神、个人与集体、道德与审美、光荣与耻辱、人生观、世界观、价值观等现在须认识与探讨的问题，皆可从中找到脉络。我们对此不仅要有清醒的认识，而且对正确的须传承并付之于行动。

太丰富，值得挖爱，值得自豪！

事业要取得辉煌，首先要让心灵辉煌起来。在人生旅途中，能最终领略美妙风景的必然是有强烈渴望登临山峰而不辞跋涉艰辛的创业者。心灵若无登临的渴望，就不可能有充沛的热情；心灵若不飞翔，就不可能有广阔的视野；心灵若贫瘠，怎可能有奋进的步伐？心灵辉煌的原动力是理想信念，执着追求。

感人的教育教学境界的出现，是从教者倾注心血投入，努力攀登，坚韧不拔的结晶。这种攀登不只是在教育技能技巧上着力，而是人生态度的攀登，情感世界的攀登，是为师者一种风范的创立。攀登的基础是敬畏学生生命，敬畏教育专业，以心相许。

家是最小国，国是最大家。

浓郁的家国情怀，激发你一辈子精神振奋，有用不完的劲；浇注你丰满的感情，享受人生的价值与幸福。

◇ 往事——一辈子的老师

10

在当今社会，"富有"这个词对众多的人来说，具有很大吸引力。然而，人们想到的往往是物质财富，精神上怎样富有起来，想得很少。人要生存，要吃饭、穿衣，物质生活当然要考虑；但是，精神上贫乏，是个一无所有的乞丐，人的味道也就荡然无存了。

教师，作为人类精神文明的传播者，特别要讲究知识上的富有。生活上要逐步改善，这是无可厚非的，但如果作为追求的唯一目标，做人就会走样离谱，还怎么能为人之师呢？

　　人处在社会中，应该是互相关心，互相支持。"人"是一撇一捺，少了其中任何一笔，"人"就坍塌了。社会上人人为我，我为人人是对"人"的最好诠释，人与人之间必须互相支持，也绝对离不开别人对自己的支持。有的人总想"人人为我"，而不想"我为人人"，这是对"人"的误解与亵渎。

人是有尊严的，
切不可误解与亵
渎。

◇着力培养青年教师

　　能与人为善的人，就是好人。遇到事情，总能换位思考，想到别人的处境，别人的利弊得失，就会做出正确的判断。心只有方寸之地，只容下自己，免不了成为小肚鸡肠，为私利斤斤计较；容得下别人，容得下集体，让狭小的心容得下伟大的宇宙，你就胸怀宽广，享受到人间挚爱深情的欢乐。

　　工作挑挑拣拣，钻入"利"眼，就目光短浅。

　　教育不是立竿见影的事，十年树木，百年树人，应是超前意识和滞后效益的结合体，不能局限于近期效果，尤其须着眼于长远效益。

　　能从事如此有意义的工作，此生幸事；能与未成年人相处，教学互动，更是幸中之幸，因为每天能受到他们青春活力的感染，每天都充满了阳光与希望。

人的心里不能有"虫"。有"虫"，心就染病，轻则好坏不分，是非不辨；重则"虫"对心吞噬，赤心、良心、善心日益削弱，一旦荡然无存，就成为蛇蝎心肠，害人，伤人，噬人，戕害社会安宁。

"虫"要趁早捉，趁小捉，勤捉，使"心"永远健康，永远善良。

靠自觉，靠坚持不懈。

古往今来，不少仁人志士身上都有一种气象，这种精神上的万千气象，直接接触也好，通过文字材料接触也好，立刻会心灵感应，始而温暖，继而敬仰，终而增添生命的质量。气象是宏伟的，壮阔的，高大的，优美的，而气象的形成是靠家国情怀的持之以恒的修炼，才、学、识的锲而不舍的砥砺，在做人上下了大功夫。

为人要大气，要有胸怀。斤斤计较，锱铢也要计较，就会拒人于千里之外，丢失了与人和谐相处的基础。海之所以汪洋壮阔，是由于能吸纳百川；人有宽大胸怀，方能有视野，有友朋，有凝聚人的力量。精致的利己主义者看似聪明，实则愚蠢。

◇ 个别指导

人总要有点精神，否则就如行路一样，连"北"都找不到。北极星、北斗星在哪儿不是找不到，而是视而不见，灵魂飘荡。

人如果太实际了，为物质生活所累，就没有超越职业训练的志向、旨趣和想象力，就很容易沉沦。

人是有肩膀的，双肩能挑重担。"为天地立心，为生民立命，为往圣继绝学，为万世开太平"这种对社会对国家的担当意识，是我们民族的骄傲，是我们仰慕并学习的榜样。

千万不能让自己的肩膀成为"美人肩"，尖得往下垂，碰到事情，能推诿则推诿，能逃脱就逃脱。一个缺乏担当意识的人，可信度极差。

规律是事物发展过程中的本质联系和必然趋势。任何事物都有自己的发展规律。规律是客观存在的，是不以人的意志为转移的。人们不能创造规律，改变规律，更不可能消灭规律。青少年学生成长有其本身固有的规律，不能无视它的存在而为所欲为，最为重要的是认真探究规律，多一点敬畏之心，少一点功利之举。

在规律面前，人也不是毫无作为，而是能通过实践认识它，利用它，并且能发挥主动性，创造性，达到《中庸》中说的"赞天地之化育"的境界。学生成长，心理、生理、认知在每位个体身上均有其固有的规律，既不能视而不见，掉以轻心，更不能逆规律而动，造成对生命体的伤害。要精准地从他们实际出发，因势利导。

过高的期望值害人不浅。

18

◇ 传帮带

　　带青年教师也是我教学实践的重要内容。一花独放不是春，万紫千红春满园。

　　当自己付出的劳动对同行有些微作用时，觉得有天地之气凝聚在心中，心灵得到安慰，深感无穷的快乐和幸福。

事物的固有规律是反复起作用的，人的培养也毫不例外。揠苗助长，强求速成，不适时地灌输，加压，超负荷运转，其结果是事与愿违。南辕北辙的事例并不鲜见，甚至有令人痛心的悲剧发生。为了孩子健康成长的权利，务必尊重规律，慎之又慎。

与人相处，总要给人提供方便，切不可给人添加麻烦或制造困难。然而，在现实生活中，常常在不经意间就给别人带来不方便，带来困难，甚至有所伤害。究其原因，往往以自我为中心，不考虑所产生的影响。"自我中心"须破除，心中应有别人。遇事前前后后多想想，多给别人送方便，多做好事，才是做人的正道。

人总是往前走，这是习惯；鼓励往前走，这是要求。因而，前进是重要的。但有时后退更重要。工作矛盾、家庭矛盾、邻里矛盾激化之时，再也不能往前冲，而是要冷静下来往后退。退一步，海阔天空，风渐平，浪渐静。退，是一种理性，一种修养，一种解决问题的策略。

生活中处处要讲点辩证法。

....

一件件具体的事情让我不断地照镜子，洗涤自己的灵魂。人总要有人的样子，在任何情况下，要有颗善良的心，不能为自己为私利而加害别人。

尊师重教是仰望星空的事，不仅要看到眼前利益，更要看到民族的前景，国家的前途。前景、前途辉煌的关键靠什么？靠素质良好的建设者，靠大量的专门人才和卓越人才。因而，尊师重教不是漂亮的口号，不是广告词，不是因某种需要而炒作一时的新闻语，而是对社会发展进步中教育、教师不可替代作用的深刻认识，是遵循育人育才规律的必要实践。

幸福感是没有固定标准的，各人的幸福指数也大相径庭。金钱成堆、权势显赫往往构不成幸福感，反而是滋生祸患的温床。许多心平气和的人信奉的是"平平安安就是福"，有份较稳定的工作，认真勤奋，平安和睦，日子过得有滋有味，就充满幸福感。"知足常乐"，物质生活无太高要求，心里就宁静，幸福感就相随相伴。

妒忌是十分丑恶的感情，一旦染上了这个病，或背后叽叽喳喳，或当面指桑骂槐，或无端生事，翻江倒海，既伤害别人，自己也不轻松。不断怒火中烧，身心受损，岂不也是伤害自己？这种病的起因多半是心胸狭隘，看不得别人好，自己又不肯努力。两只眼睛不是全面看世界，而是专门用来找碴挑刺，活得很累。药方是：反而求诸己。

恭宽信敏惠，孔老夫子早就告诉我们了。

现在的人往往自己疼自己，为人处世目中无人，只顾自己性情。"疼"，并未错，问题在于作为一名社会的人，处在各种关系之中，学习、工作、生活都要与别人打交道，都有个尊重别人、工作为重的问题，一味地"疼自己"，"疼"到不明事理，"疼"到影响工作、学习，乃至伤害别人，生命的价值又何在呢？珍惜的又是什么东西呢？

要学会用理智
管控情绪！

人总要有点兴趣爱好，或打球，或下棋，或唱歌，或哼戏，或阅读，或写字，或画画，或旅游，或发明，工作之余有精神依托，可自娱自乐，也可好友集聚共乐。无兴趣爱好的，则情感贫乏，审美缺失，生活也就味同嚼蜡。兴趣爱好要健康、高雅一点，与文学艺术、体育科技为伴，绝非打麻将赌输赢之类。兴趣爱好应从小培养。

有人对权力特别有兴趣，不管处在什么位置，担任什么角色，家庭也好，工作单位也好，总要自己说了算，最好能一呼百应。对权力的顶礼膜拜，往往是私欲膨胀，加上个性强势。权力为谁而用？用了要达到什么目的，起什么作用？须反反复复想清楚。在大多数情况下，恐怕不是用权的问题，而应平等商量。<u>权欲越少，人越清醒。</u>

权欲、利欲往往紧密相连。

性格决定命运，此话有一定道理。人各有性格特点，外向的，内敛的，自恋的，自卑的，沉稳的，冲动的，旁观者一清二楚，本人也基本知晓。奇怪的是开展工作、处理事情时性格在其中发挥的作用往往很少有人重视。性格产生的负面作用已显而易见，但当事人还一个劲儿往里钻，造成不应有的损失。敝帚自珍，把性格弱点当作宝贝拖住不放，真不明智。

勤劳与懒惰在人的身上同时存在。有些人以勤为主，有些人以懒为主；对不同事物，有的勤，有的懒。勤能成事，勤能补拙，好处几乎无人不知，但就是有不少人避勤趋懒，少做，少动，不做，不动，身上有根懒筋。要抽掉这根懒筋实在不易，它的形成虽不旷日持久，也有相当岁月，而核心又是图个人舒服，个人适意。为此，从小就要警惕坏习惯的养成。

《道德经》中说"知人者智，自知者明"，"知人"固然不易，"自知"似乎更难。希腊神庙有句"认识你自己"，中国有句"人贵有自知之明"，足可说明。一是许多人不注意"自知"，从不思考自己是个怎样的人，须如何修身；二是"自知"的主观色彩很浓，优点放大看，浑身是宝。不恰当的评价常会带来种种问题、种种不愉快。"明"，实事求是，多么不易！

不断去蔽，方能
眼明，心明。

学习也好，工作也好，起始阶段人与人之间差距仅是少许，经过时间的淘洗，效果、业绩竟然差了一大截。究其原因，水平是有高下，但态度更是关键。责任心强弱，认真与否，就差那么一点儿。粗看，难以辨别；细看，那一点儿中蕴含的是敬业精神、专业追求、习惯力量。人之间的差距有时就是那么一点儿。"一点儿"的正能量从小就要培养。

年轻人生命力旺盛，爱浮想联翩，编织生活的梦想，美丽的，宏伟的。只要目标明确，方向正确，就值得赞扬，而织梦者更应为它的实现而奋斗。梦毕竟是想象的产物，要把理想变为现实就须脚踏实地地努力，坚持不懈地奋斗。生命之歌就是一首高昂的奋进之歌，一首排除困难、勇往直前的歌。理想的实现靠行动，空想、空谈不可能取得任何成果。

　　中国有句俗话：大丈夫拿得起，放得下。遇事最怕黏糊，没完没了地缠在上面。人总是要向前看，不能因为摔了一跤，就趴在地上不起来，或者站起来在原地兜圈子不往前走了。正确的态度是爬起来，抖擞精神继续往前走。挫折、失败，是一种锻炼，一种考验，跨越过去，意志、性格就得到熔铸。

心想事成只是一种良好的祝愿，事实往往与愿望相悖。相悖，就必须具有承受力。人不是玻璃制品，不能一碰就碎，应积极磨炼意志，和娇气、脆弱斗争。钢是在高温中冶炼出来的，有志的人是在与困难的反复较量中成长、成熟的。<u>振奋精神，迎接挑战，生活不会亏待持续奋发努力的人</u>。

◇ 从教50周年研讨会现场

人生不是一支短短的蜡烛，燃烧瞬间就熄灭，而是一把高高的火炬，要用心把它燃得十分光明灿烂。灿烂在对生活的由衷热爱，对工作的尽心尽力，对社会的责任担当，对国家的无比忠诚。用生命的光亮增添社会的温暖，增添人间的绵长情意。

关键在不断增添精神正能量。

人在成长过程中，总是有意无意地和别人比，比什么，怎么比，比的目的何在，大有讲究。与思想深邃、道德高尚、才华出众的榜样比，就沐浴春风，明理敬业，攀登人生的价值与意义，有使不完的劲。反之，与大富大贵的比，与显赫一时的比，不仅心态不平衡，自寻烦恼，还可能从中受到私利迷心的传染。比，真得看看对象。

"比"中有大文章。虽不能只物只情，但"情"千万不可缺失。

人总要振奋精神往前走。碰到一点突如其来的不愉快或者不幸的事就钻入忧郁的浓雾中，窒息得透不过气来，除了折磨自己、消磨生命外，有百害而无一利。人世间不如意事十之八九，幸运之神不可能总跟着你伴着你。重要的是面对现实，冷静分析原因，寻找妥善解决问题的途径与方法。在处理问题的过程中，锻炼坚强的意志，培养克服困难的毅力。

孤独感不是天生的，而是由于这样那样的原因，心理上、性格上受影响所致。有的自视甚高，看不惯别人；有的自怨自艾，悔恨失落；有的堕入冥想之中，寻找心灵的慰藉。他们共同的特点是自我封闭，用套子把自己裹紧。解开套子的办法是打开心灵的窗户，让清新的空气进入，认识到：改变还不理想的"现实"，自己也要尽一份力。

社会上与人相处，要努力培养自己的亲和力。板着面孔，冷若冰霜，别人只好退避三舍，噤若寒蝉，对工作对事业不利。和颜悦色，态度和顺，语气温和，是亲和力的标志，但更重要的是它支撑内心世界的美好。心地善良，与人为善；尊重生命，平等相待；有难相助，责任担当……有"我为人人"之心，则会笑口常开。

人之间脉脉温情是一种美德。

◇ 和学生交流《我爱你中国》

◇ 往昔少年今何在?

　　一个学生就是一本丰富的书, 一个多彩的世界。几十年来我教过各种类型的学生, 面对这些丰富的"书", 我一本一本认真读, 一点一点学习、领悟, 逐步懂得师爱的真谛, 也品尝到亦师亦友的无穷乐趣。

倾听每个生命的呼唤

基础教育是大众教育，须面向全体学生。大众教育不排斥英才教育，但不能只当英才教育的配角。人是有多元智能的，各有所长，各有所短。基础教育着眼于全体学生，为全民族素质的提高奠基。还要清醒地看到，有时有些三受教育者并非真"英才"，而是"拔苗助长"的对象，无后劲。要倾听每个生命的呼唤，施以阳光与雨露。

我国的基础教育面对数以万计的儿童、少年、青年，面广量大，属世界之最。充分认识基础教育乃本中之本的战略地位，从经费投资到物质装备到精神层面的关心、呵护，怎么重视都不为过。基础教育不能追求即时效应，而要定下心来切实提高质量。切实提高基础教育质量，对提高全民族素质，促进祖国繁荣富强会起到不可估量的作用。

知识传授，能力培养，在基础教育中占有重要位置。基础教育阶段传授的知识，许多是知识的"核"，不因时间推移而老化，因而，这个时期学生学到的知识、培养的能力往往陪伴终身。然而，这只是人的素养的一部分，不是人的全部。重"术"轻"人"，忽视心灵世界的滋养与提升，学生就会缺少精神支柱的支撑，落入"技术主义"的桎梏。

◇ 心中有书，目中有人

　　坚持走中国特色的教育发展道路，一是要贯通古今，梳理我国几千年来的教育史，特别是新中国成立以来教育成功的经验。二是要拓宽视野，"左顾右盼"，结合中国国情学习国外的先进经验。在教育软实力的建设中攻坚克难，提炼出自己的理论，拥有中国教育泥土的芳香，在世界上发出声音。

只育一定要有自己的话语权，切不可做思想的矮子。

　　历史预示未来，以虚无主义对待历史，恶果是消解了民族自信力。新中国成立60多年来，教育绝不是一无是处，可圈可点之处很多。仅一亿几千万学生接受义务教育，在世界上就首屈一指，史无前例，更何况所有学段的教育均获得了长足的发展。

怀有偏见，会视而不见。

38

　　"教育要面向现代化，面向世界，面向未来。"经过三十多年波澜壮阔的教育实践，更显现邓小平同志1983年10月1日为景山学校这一题词的思想光芒。它是邓小平同志建设有中国特色社会主义理论的重要组成部分，是新的历史时期教育改革和发展的战略指导方针。首先是教育理念上的更新与革命。

　　"面向现代化"，就是要求教育全面适应社会主义现代化建设的需要，从宏观到微观做系统思考，既思考如何为物质文明建设服务，又思考如何为精神文明建设服务，更要聚焦在人的培养上。这是对教育功能全方位思考的问题，而培养怎样的人，又是重中之重，是教育的核心价值所在。

改变鼠目寸光
何其困难！

　　办教育当然不能自我封闭，要面向世界。世界各国教育状况怎样，尤其是发达国家办教育的经验，要比较、对照，科学地分析利弊得失。有了国际视野，知己知彼，心中更有谱，更能认清前进的方向。我们培养的学生当然要有国际视野，立足本国，放眼世界，具有参与国际社会生活与竞争的能力。

◇　在旧金山美国教育年会上，与密歇根大学教授讨论青年教师培养问题

"面向未来"打开了教育的新天地，凸显了教育的战略性，针砭了教育中鼠目寸光、极其短视的弊病。教育是面向未来的事业，要教在今天，想到明天，以明日建设者的要求来指导今日的教育教学工作。教育预测未来这一特点，经济学家成思危说得十分精辟，他说："经济只能保证我们的今天，科技可以保证我们的明天，只有教育才能保证我们的后天。"此言极是！

未来社会更加开放，更加国际化。我们教育培养的人必须全面提高素质方能适应社会，方能立于不败之地。说得具体一点，就是须具有高尚的人格，宽厚的自然科学与人文科学的知识基础，自主求索、运用知识发展创新、服务社会的观念与能力。简言之，基础宽厚、勇于发展、敢于创新、人格完善、造福社会，也就是人格、知识、能力全面培养全面提高。

　　教育现代化聚焦在人的现代化的培养上。一个人的现代化程度如何，不仅取决于这个人成年后的社会经历，还取决于他早年的家庭生活、教育经历。教育对于一个人的价值观念、行为方式等人格因素十分重要，而学校教育是构成个人现代化的重要基础。

42

学习外国，以他山之石，攻我教育之玉，绝对没错。但必须清楚：教育从来就是国家的、民族的事业。任何国家的教育必须传承本民族的优秀文化传统，弘扬民族精神，培养为本民族、本国家、本地区建设服务的人才。办教育眼睛要向外，开阔视野，但更要朝内，树立自信，走中国特色的道路。

"向外"的目的是
"强内"，不是被"外"
侵蚀。

教育现代化包括三个层面，一是教育在数量、规模上的发展，二是办学条件的先进程度，三是教育价值、教育思想、教育理念等方面的现代化。教育现代化的核心是教育思想的现代化，教育思想的转变，而绝不仅是增加计算机、外语等课程或改善校园校舍的环境。

　　建立我们自己的教育话语权是对我们国家民族的尊重，是对我们自己教育的敬畏与自信，是对从事教育工作的人，特别是第一线的教师点燃心中希望之火，用温暖支持他们挺直腰杆做培养学生成长、成才的大事。这样才能摆脱思想上矮人一等的困境。

全国普通高中语文课程标准研讨会代表合影
1995·7·26 武夷山

《中国震撼》作者张维为说过这样一句意味深长的话："一个只会用别人话语的民族在世界上是没有分量的，中国人要用自己的话语来解释中国和世界。中国崛起的过程也必然是一个中国话语崛起的过程。"教育何尝不是如此呢？以满口的外国名词术语为荣，科研为别人的理论作论据，以显示理论水平，独立的精神、自由的思想往何处去了？

　　教育改革发展是庞大的综合工程、系统工程、复杂工程，对教育的战略地位、战略主题、教育本质、育人规律等须有相当的共识。不仅从事教育事业的人应具有高度共识，还应在家庭、社会层面进行广泛的宣传教育，树立正确的育人观，坚决不做违背教育规律之事。

教育，不能让盲目崇拜的矮人思想作怪。面向世界，不是照抄、移植，更不是贩卖。任何教育理论的形成总有其特定的时代背景、历史文化土壤、社会需求、环境条件，其中有普适性价值，但地域特色往往十分鲜明，并非放之四海而皆准。不深究这些理论、经验、做法的来龙去脉，不深究它们在哲学、人文、科学高度上经受怎样的检验，盲目搬运的后果令人担忧。

对中国教育鄙薄是不对的，不管是传统的，还是现代的、当代的。中国教育有深厚的资源，积累了极其丰富的经验。但因不了解、不研究、不珍惜，一谈改革，一谈发展，它总是处于被批判、被否定、被消解、被解构的无奈境地。无形之中，我们就成了思想的矮子，丢失了教育自主的话语权。

建立自己的教育话语权并非争语言上的长短，更不是说大话、空话、不着边际的话。我们的教育话语权有大量的教育实践作支撑，有教育硕果。如有普及义务教育的奇迹作支撑，有丹心与智慧浇铸而成的许许多多教书育人的经验作支撑等等。教师对学生的至诚至爱，克服困难的坚强意志、创业精神，就值得大说特说。

我们进行了很多富有实效的教育实践，但依然缺少自己的教育思想提炼和教育理论研究。从教育内涵到学生培养到课程改革，从理念到做法，大部分都是从国外进口的。我们绝不排斥借鉴国外的经验，科学的先进的更应认真学习，消化吸收，但今天的中国教育理应树立自信，拥有自己的话语权和理论体系。

◇ 中国教育要有自己的话语权

学校教育、家庭教育、社会教育三者最好要形成合力，但现在很多是形成分力。比如学校要减轻负担，实施素质教育。学校减作业，家庭加作业，社会机构忙着赚钱。报载：一个7岁的孩童每个星期要参加社会上举办的6个不同类型的辅导班，这种折腾，到底对谁有利？对孩子的伤害，谁该负责？

该敬畏每个孩子的生命！

现在几乎每个家长都期盼孩子成龙成凤，而不顾及孩子本身的具体状况。家庭教育本应着重于教育孩子的品德、习惯，这是做人最重要、最基础也是最核心的，但现在这部分缺失得厉害，力气用在打造孩子机械训练的技能技巧上了。追求高分、满分，这种错位，实在得不偿失。

认识偏离，行为必然错位！

　　要依法治教。修订的义务教育法进一步明确了义务教育的公益性、统一性和义务性。这三者是义务教育的基本性质。义务教育法的灵魂是"二进"，推进教育公平，促进教育均衡。受教育、受良好教育是每个受教育者的权利，为此，须大力改变东、西部地区和城乡地区的教育发展不平衡状态。这不是权宜之计，是提升全民素质的法律保障。

50

有些办学者脑子里总是缺法律这根准绳，从急功近利的政绩出发，学生入校设置种种关卡，考、考、考，弄得家长晕头转向，孩子疲于奔命。教育均衡发展，硬件固然重要，软件难度更大，特别是师资队伍的提升。按需培养，有序流动，乃应有之义。但现实状况是有些人总想拉大差距，把人分成三六九等，想方设法让自己独占鳌头。"法"要执行才有生命力，治教必须依法。

依法治教，按法律、法规办事，既是政府部门的事，也是办学者、从教者的事，都要自觉遵守。在法律面前校校平等。这所学校特殊，那所学校特殊，教育法可以违背？不表态就是默认，默认造成有恃无恐，无法无天，乱象丛生。法治观念加强，以法律法规约束，许多乱象可以受到抑制。

法治观念还很薄弱，此种情况必须改变。

在改革开放条件下，要牢牢抓住以德兴校的理念，去功利，去包装，去虚假，去炒作，切切实实把社会主义核心价值观落实到教育全过程，落实到学生心中。让学校回归育人的本原，让学校成为比较洁净的地方，显示社会主义精神文明的引领力量。

◇ 和学生交流

依法治校，依法办学，依法行事，口说无用，须落到实处，教育才有新提升，新气象。而要落到实处，就须建立一整套的督导制度，督政，督学，显示法律的威严，纠正违法的错误，追究法律的责任。数以亿计的学生，数以千万计的教师，偌大的教育体量，有法而不严格执行，教育质量必七折八扣，问题不断。教育监督，责任重大。

教育要放在战略地位上考虑，世界上的发达国家早就把教育放在战略地位。现在大家越来越体会到世纪之争实际上就是教育之争。有人说，现在在打一场无硝烟的世界大战，战争在本国进行，内容就是教育。各国都在抓教育，抓人才的培养，抓观念的更新、体制的改革、内容的创新。大战在本国进行，胜负则在世界竞争中见分晓。此言可深思。

　　每个学生都是活泼的生命体，都有全面发展的潜质，都是国家的宝贝，家庭的宝贝。如果由于培养目标偏离准星，做法错位，青少年学生在成长过程中付出了不应付出的代价，成人是有责任的，学校、家庭、社会都有责任。

　　我们的教育工作，最贴切的说法应该是"培养"。这个字眼实在好。这在英语中叫cultivation，解释为"耕耘土地以期收成"。教师就是教苑的耕耘者，应该像农民和园林工人满腔热情地种植五谷、养育花草树木那样，精心地把学生培养成祖国有用之材。

◇ 与学生在一起

什么是教育？教育就是培养人。什么是中国教育？就是培养有中国心的现代文明人。我们要培养的绝对不是那些只给外国人打工的人，而是要培养有中国自信、中国自尊的，能放眼世界的，为世界和平做贡献的人，也就是能真正屹立于世界民族之林的中国人。如果只重技能技巧，忽视大目标，就会贻误我们的未来。

什么是教育？教育就是教化，是在不知不觉中潜移默化，"随风潜入夜，润物细无声"，不可能靠教师、校长、书记做几个大报告，就把学生成长当中的需求、问题都解决了。班主任带一个班级三年，学生身上都会有班主任的影子。教育是细水长流，点点滴滴在心头。

童书轻人危害大矣！

有一种误解，认为基础教育不过是传授一般性的文化，没有惊人的发明创造，没有众所周知的灿烂辉煌，有什么战略可言？殊不知我们基础教育的对象是浩浩荡荡的大军，他们的素质如何关系到能不能形成人才资源的巨大优势，关系到今后经济发展后劲的大小，关系到国力的强弱，其战略地位、战略意义还能小视或熟视无睹吗？眼光千万不能短浅！

基础教育是未来民族振兴、国民素质的塑造者，千万不能小视，忽视。

◇ 给学生辅导

56

◇ 20世纪60年代的学生

◇ 20世纪70年代的学生

◇ 20世纪80年代的学生

教书育人，"育人"是大目标，"教书"应该为"育人"服务。在"教书"的同时"育人"，教师才有可能成为塑造学生生命，塑造学生灵魂的人。寓教育于教学之中，是每个任课教师须精心探讨与研究的课题。

"育"有极其丰富的内容。培养一个学生，对他的思想素质、道德情操、知识的广度与深度、能力的强弱、智力的高低、体质的情况等等要有总体的设想，是对学生进行全面培养，不能以偏概全，以局部代替整体。

教育要面向全体，不是面向一部分或小部分，这是提高全民素质的问题，具有战略意义，所有学生都有权利受到良好的教育。从树立观念到落实措施，还有很长的路要走。不以国家为重，不以人为重，办学措施就会变味，再动听也无用。

说的是促进学生全面发展，行的却相去万里。由于教育思想的偏差，急功近利的作祟，施教时人为地突出某一方面，削弱某些方面，在不经意中造成了受教育者成长中的某些不足与缺陷，严重的甚至出现做人基本准则的残缺，这是不能容忍的。

对人为造成的残缺必须零容忍。

教育是真善美的事业，离开了真，善就是伪善，美就是假美。因此，陶行知先生说："千教万教教人求真，千学万学学做真人。"一个社会文明的程度是跟它诚信的程度、真实的程度成正比的。

社会是各种关系的总和。学校就是小社会，有各种各样的关系，如师生关系，生生关系，学校领导和教师的关系，教师之间的关系，教师与员工之间的关系等等，这各种各样的关系如何和谐相处是一门大学问。尊重、宽容、利他、各得其所，必不可少。各有各的美丽，善于聚集，才能奏响生命的和谐乐章。

我们贯彻教育方针，培养学生要抓住一个核心，两个重点：以德育为核心，以实践能力、创新精神为重点。提出这样的要求是教育改革的现实需要，为社会发展培养人才的需要。从青少年学生开始，就要培养他们的创新意识、创新精神，学生具备了这种意识与精神，将来在合适的条件下，就能迸发出创造的火花，结出创造的果实。

教育的最终目的不是传授已有的东西，而是要把人的创造力量诱导出来。创新能力是一个人能力的最高表现形式，是能力的最高境界。富有创新能力的人总是把世界上一切事物看作是一种运动的过程，而不是静止不变的；不拘守过去，总是规划当今，展望未来。这种能力不是与生俱来，要靠引导、培养、激发。

不仅要尊重学生的好奇心，教师自身就要对未知事物充满好奇，积极探索。

任何人不能代替
别人成长，学生成长要
靠自己生命的勃发，精
神的勃发。

创新意识、创新精神的培育、激发，必须让学生发挥学习主体的作用，在学习生活中有思考、探究、发展的空间。办教育的要着力于把受教育者的心灵唤醒，价值感唤醒，而不是用各种各样的训练把学生学习时间塞满，更不是用"一刀切"的办法画地为牢，把生动、活泼、多样的学生圈入其中，把同一性发挥到极致。创造意识不能抑制，创造精神要开发。

"真正的教育"是引导人的精神达到高处的真实之境，是人生境界的提升；知识、技能是帮助精神攀升的阶梯。实施全面发展是人自身发展的需要。人的生命体本身蕴含着多方面发展的潜能，教育的任务就是把学生的潜能变成发展的现实。在教育过程中，片面的教育质量观干扰很大，育人异化为育分，发展常呈跛脚。这不能容忍，必须改变。

　　课程改革的核心教育理念是以学生为本，以促进学生的发展为本。从以知识为本，以知识体系为本转换到以学生为本，这是对人的尊重，对学生的尊重，是教育本质的回归。应努力改变有意无意地重技能技巧，轻人的总体素质的培养，切实改变把"人性"置于"技性""物性"之下的种种做法，还学生全面发展的权利。

　　教育就是"仁而爱人"。办教育的、实施教育的都要"仁而爱人"。什么是"仁而爱人"？就是心中有别人，有浩浩荡荡的学生队伍，有队伍中独特的每一个人。"仁"是人字旁有个"二"，心中没有别人还怎么爱人？

目中有人难，心中有人更难。心中有无学生，是道德修养高低的问题。

一个社会是不是尊师重教，不仅反映了这个社会的文明程度，也反映了这个社会有没有持续发展的潜力。这不仅是现实问题，更是战略问题。要可持续发展，必然需要人才辈出，而人不可能自然成才，需要学校教育、家庭教育、社会教育的合力培养。

学校教育经常碰到的苦恼事是与社会教育、家庭教育的不协调乃至冲撞。学校教育的权威性常受到光怪陆离的某些社会现象的冲击，在学生身上，负面影响超过正面教育的效果。做深入细致的工作当然势在必行，但在合适的情况下，可运用法律武器，保障教育的有效性。教育法以法律的形式对社会环境做规范，对儿童青少年健康成长能起极大的保护作用。

　　办教育，要坚持把社会主义核心价值体系融入全过程，要把德育贯穿到育人的各个环节。要真正做到，既有牢固树立理念的问题，又有结合教育教学实际探寻各具特色的规律问题，在理论和实践结合上提高育人效果。要充分利用多种德育资源，如各学科教学力量、社会实践基地力量、家长力量等，形成合力，引导学生树立正确的价值观、人生观、世界观。

教育要有大量的实践活动，只有在社会实践中才能学会做社会人。中小学教育是公民教育，要把自然人培养成为社会的人，懂得人与人、人与物、人与自然的关系。人的经验是了不起的，要实践，要磨炼，单靠书本是教不出来的。

学生接触社会、接触自然的机会实在太少了！

教育不仅是教育工作者的责任，而且是全社会、全民的责任。《国家中长期教育改革和发展规划纲要》序言说得好："国家兴衰，系于教育；教育振兴，全民有责。"

◇ 课余与学生打球

校外教育对孩子的个性发展，兴趣爱好，特长培育具有重要作用。校外教育涵盖了教育的广阔空间，不但具有基础教育的内容，而且也有科技、艺术、体育等专门化教育的训练，同时更是社会道德、文化传承的主要途径。可以说，校外教育对学生成长的影响是全方位的。

难度很大，但必须坚持做，让学生享受成长的快乐。

◇ 1984年在中央电视台主持16城市中学生语文邀请赛

　　校外教育无论如何不能再有应试、应考的痕迹。要让孩子全身心放松，展现他们的童心，发展他们的潜能。应创造适合学生的教育，提供适合学生的内容与方法，供他们选择，而不是去选择适合教育的学生。只有重视学生个性并彰显其本色，教育才富有活力，学生才会富有创造激情，快乐地成长。

　　作为基础教育的领军人物，应该有一种气象，有一种境界，是时代的良知，智能的火把，教育精神的代表。在多元经济并存、多样文化碰撞的十分复杂的情况下，教育要坚持正确的育人方向，拒绝急功近利的诱惑，远离陈腐文化，维护社会公正。这种气象，这种境界，要有辐射作用，让更多从事基础教育的人对此不懈追求。

一切教育成果的精髓在于"真"。办教育，要敢于高举求真的崇尚科学的旗帜，去除耀眼的包装，挤去教育质量的泡沫。不为假象所迷惑，不带主观偏见，不把偶然性当必然性，不把局部当作全部，不把在一定条件下的结论无限扩充、夸大，没有经过实践条件下的反复论证，不轻易相信，更不贸然下结论。"真"，是办教育的灵魂所在。

◇ 语文性质本原谈

◇ 于师教绩启后学，漪园桃李浴春风

　　我觉得桃李满天下只是一种形容，真正的快乐是看学生成长，并不是培养一个怎样职务的人，而在于一种民族的优秀精神能够在学生身上延续。

良心的活儿

教师的活儿是良心的活儿，手里捧的是学生鲜活的生命，一个个需要精神养料，成长的鲜活的生命，一个个需要精神养料，培养成为国家的命有要的尽心尽力，一丝不苟，把他们想获得什么稿赏，用要之材。工作不是做给别人看的，想获得什么稿赏，用最为重要的是对得起每个鲜活的生命，对得起国家托付的千钧重担，对得起自己的良心。

　　教师肩负的千钧重担须聚焦在对学生滴灌生命之魂。德行与智性是生命之魂。教其德行，懂得做人之理，报效国家之理；教其智性，掌握扎实的科学文化知识，有生存、发展，为人民服务的本领。这是人的素质培养。分数不等于人的素质，任何一张考卷无法考出人的综合素质。

　　每名志存高远的教师，都甘愿把自己的生命化成一架通向蓝天的云梯，让一届一届学生踩在自己的肩上，去摘取科学、技术、文化、艺术的明珠。

◇ 1978年被评为首届特级教师

教育事业是爱的事业，没有爱就没有教育。

师爱超越亲子之爱。教师与学生没有血缘关系，教师教育学生成长、成人、成才，肩负着国家的期望，人民的嘱托，是一种大爱，一种仁爱，是把阳光、雨露播撒到每个学生心中的无私的爱。

感情的问题来不得半点虚假。

教师从事的是塑造学生生命的工作。一个肩膀挑着学生的现在，一个肩膀挑着国家的未来。今日的教育质量，就是明日的国民素质。挑这副千钧重担，要的是才、学、识，要的是无限忠诚。

◇ 以精神成长创造
教育的精彩

74

对学生的爱不是说在嘴上，写在纸上，而是体现在一言一行之中。哪怕是一个手势，一个眼神，一个难以察觉的微笑，只要传递的是由衷的爱意、呵护，学生就会感受到阳光照射的温暖。

势利眼源于
势利心。

学生最讨厌教师的势利眼光，尤其对班主任。根据家长从事的行业、担任的职务等不经意中对学生分出了伯仲。须知：未成年人都有一颗敏感的心，都希冀能得到重视和尊重。"有教无类"，在当今权力、利益炽热之时，牢记万世师表孔子的祖训会有几分清凉。

选择教师，就选择了高尚。因为教育是以人育人的事业，要把学生培育成人，成为有中国心的现代文明人，教师首先自己要做人，做一个品德高尚的有真才实学的堂堂正正的中国人。

与其说我做了一辈子教师，不如说我一辈子学做教师。

竭尽全力，学做人师，是我终生追求的目标。

教师内心深度觉醒，才真正体会到日常大量的平凡的乃至琐细的工作，不仅关系到今日学生的健康成长，而且关系到国家的千秋大业，老百姓的幸福生活。培养什么人，具有怎样的思想道德与科学文化，有怎样的坚实基础，不是空洞的概念，而是实实在在、一点一滴干出来的。

<u>要使自己的教育教学永远勃勃有生机，就必须找到自身最强烈的刺激，那就是四个字——自我教育。</u>

学历水平不等于岗位水平。学历水平只说明职前受教育的程度，要想成才，还需在岗位上千锤百炼。学历水平高，为成才奠定了扎实的基础，不等于就是人才了。成才一定在"岗位"，在岗位熔炉里锤打、修炼，锻造思想，锻造才能，书写人生的真谛。

"炼"字了不得！

身教重于言教，榜样力量无穷。

教师要以自己高尚的人格引导学生形成完美的人格，以自己的真才实学激发学生旺盛的求知欲，以自己高雅的情操熏陶感染学生，引导他们形成健康的审美情趣。

◇一身正气　为人师表
——谈教师的精神支柱

育人的力量从何而来？最为关键的是育人的人须有品、有德、有魂，在阑风伏雨面前，头脑清醒，认准方向，执着追求。

◇学生都是宝

78

感情的事来不得半点虚假，对学生是全心全意、真心实意、半心半意、三心二意、虚情假意，学生都很清楚，心中都有一笔账，哪怕是年龄小的小学生也不例外。学生渴望老师的爱，"老师喜欢他，不喜欢我"，是小学生最伤心的事。教师要锤炼感情，去除杂质，在真心真情上下功夫。

教育事业是爱的事业，它没有选择性，只要生长在我们这多情土地上的孩子，都要对他们满腔热情满腔爱，切不可按照自己的好恶标准，挑挑拣拣。因为你是教师，必须有仁爱之心。

◇ 商讨竞赛结果

教师要练就敏锐的目光，发现学生身上的优点、特点，哪怕是思想言行有较多毛病的学生，身上也蕴藏着闪光的东西。教育的任务就是长善救失，要充分肯定和发扬他们的长处，在成长过程中逐步弥补自己的不足。任何教师无法代替学生成长。

"长善"是一种善良，一种期盼，一种尺度。

责骂、挖苦学生是教师最无能的表现。教师教育的本领在晓之以理，动之以情，导之以行，春风化雨，润物无声。切不可泼妇骂街，由着自己的性子，情绪失控。学生是人，是要尊重的。

好话也要好说。

教师的人格力量是素质教育的重要保证。教育力量只能从教师人格力量活的源泉中产生出来。离开了言传身教、春风化雨，教育功能就被消解。

不管你自觉或不自觉，教师对学生的作用都不可能是"零"。不是正面作用，就是负面作用。因而，教师"正身"尤为重要。

一身正气，为人师表，不为物质所累，保持心境的纯正与安宁；抗诱惑，拒腐蚀，守护社会正义，守护社会道德，守护历史使命，守护教育者的尊严，为培养学生成长、成人、成才做出无私的奉献，才是教师人生价值的真正所在。

人生价值
自己创造。

行动就是命令。老师说到做到，身体力行，率先垂范，学生就会跟着做，跟着养成一种习惯。这比写在纸上、挂在嘴上管用得多。反之，老师只说不做，学生当面不讲，背后嗤之以鼻，更糟糕的是为学生做了坏榜样。

岁月如歌，往事依依，留下的痕迹有浓有淡，有深有浅，有伤痕有欢乐，有失落有收获……

教育事业真正是遗憾的事业，教师责任大如天，追求永无止境。

◇ 看着三十多年前上海市第一届青语会的照片，于老师笑逐颜开。（左起：张鸣昌、苏军、于漪、金志浩、范守纲）

82

基础教育做的是给未成年人奠基的工作，奠什么基，根子正不正，发展全不全面，影响到他们走怎样的生活道路。须牢记：基础教育陪伴人的一生，容不得半点马虎与懈怠。

心，生命的主宰，人格的凝聚，指挥着思想言行。心，虽仅方寸之地，但装载着什么，却关系到人格的完善与残缺、品德的高尚与低下。对教师而言，尤其对青年教师来说，心要装国运，装教育，装学生，装责任，装追求。

中外古今对教师都有很高的要求，概括起来就两个字，"德"与"才"，要德才兼备，做人中的模范。人之模范，首先要道德高尚，人格高尚；人之模范，那就要"智如泉涌"，有真才实学。这是一辈子自我修炼的事。

教师专业发展第一条应是树根立魂。树民族精神之根，立爱国主义之魂。没有热爱祖国、勇于追求的精神，哪会有过硬的业务？有了业务又为谁服务？许多有志办好教育的校长与教师，不仅心里明白，而且努力践行。因为，我们生长在这块土地上，这是我们的精神家园。

教师专业发展十分重要的是拒绝平庸，树立自信，不被外力左右。不少教师信教学参考书，信一课一练，信教育时尚，信"专家"评课，信网上下载，满足于做搬运工、二传手，就是不信自己。失掉自信力，也就失掉了自己。应我读，我思，我钻研，我是教学的主人，专业发展一定建立在自信心的基础上。

教育是面向未来的事业，是实现理想的事业，没有理想就没有教育。李白唱神曲，天马行空；杜甫唱人歌，关注人民的苦难。教师既要仰天唱神曲，又要立地唱人歌。志存高远与脚踏实地有机结合，才能创造出教书育人的精彩。

庸医杀人不用刀，一名不合格的教师误人子弟也就是伤害生命。20年、30年以后，学生身上还会留下你教过的某些痕迹。努力提升自己，力求做好每项工作，是教师义不容辞的责任。

教师思维具有双重性，一是自向性，二是他向性，二者须紧密结合。自向性指教师作为一个自我主体，他的思维必须用来思考和处理自身所面临的问题，大到对宇宙人生的看法，小到备一节课，提一个问题，都要认真思考，分析判断，不仅要运用逻辑思维能力，而且要有运用直觉思维、综合思维的本领。

教师不可能代替
学生思维。

　　教师思维的他向性，是指教师运用自己的思维引导学生如何运用他自己的思维去认识世界，理解和掌握知识和能力，去发现、分析与解决学习过程中遇到的各种问题。也就是指导学生、激励学生学会正确的思维方式。学生学会思考是学会学习的关键，因而教师思维他向性的水平与质量就显得十分重要。

　　回顾与反思是教师必做的功课之一。教育生涯是一个充满思考、不断反思的过程。反思走过的路，不是自我陶醉，而是认识以往的模糊、迷茫乃至迷失，认识某些教学举措的走调、错位以及形成的后果，寻觅更适合学生内心需求的教育内容、教学方法。不断自我否定，不断自我超越，才会持续发展，永远向前。

　　教师工作是日复一日、年复一年的上课、批改作业、与学生谈话、组织学生活动，确实十分平凡，无任何惊人之举。但是，当这名教师尽心尽力，把自己的一切奉献给培养新一代人的伟大事业时，他的生命又是不朽的。个体生命是有限的，教育事业是常青的，无限的。教师的生命在学生身上延续，教师的忠诚在一代代青年人身上延伸。

◇ 学生带着孩子来拜年

"新"，才有旺盛的生命力.

当教师最怕成为"教油子"，五年一贯，十年一贯，年年如是，没有长进。求知要日新，教学也要求日新，不能墨守成规，裹足不前。所谓新，不是变戏法，走捷径，而是除旧布新的"新"，年年有新的认识、新的进步，越来越接近和掌握学科教学规律，越来越有效提高教学质量。

在教学过程中，学生学习积极性高涨时，常有神来之笔使全场震惊，急需教师迅速应对。回避、蒙混、错答，均为下策，正确的态度是知之为知之，不知为不知，实事求是，与学生讨论，取得学生谅解。教师不是万能博士，可以查阅有关书籍，向别人请教，再予学生解答，但深刻的启示是：教师字典里没有"够"字，须不断学习，充实自己。

教师要做到四个学会。一学会热爱。对国家、对教育、对学生情真、情浓、情深。二学会敬业。学生的现在与祖国的未来，是教师工作的整个世界，要敬畏，要兢兢业业。三学会正确的价值判断。能透过光怪陆离的现象看清事物的本质，方向明，路子正。四学会教育教学的真本领。在教育实践中自觉锻炼，努力攀登。

◇ 教师素养促膝谈

百炼才能
成钢。

教师工作不是百米冲刺，而是万米赛跑，乃至是马拉松赛跑。教语文也是如此，集中精力，动用各种辅助工具，上几节出彩的课并不难，难的是学生有持久的学习语文的积极性，每堂课都能有切切实实的收获，在学习中品尝到求知的快乐。要有耐力、韧性、永不满足，铸就教学生涯的质量。

文科教师要认真学习文化。这里所说的文化，不是指识字的ABC，是指文化素养的"文化"。有学历不等于有文化，是不是能成为文化人，靠自身的努力。中华优秀传统文化是中华民族的伟大创造，虽历经时代变迁，人间沧桑，但仍以其博大精深、辉煌灿烂的魅力，影响着一代代人的思想和行为。用心攻读几本文化经典，能长志气，长智慧，长见识。

教师要学会"借脑袋"，博采众长。能不能、会不会博采众长，关键在自己有没有自知之明，有没有谦虚的品质。自以为是，井底之蛙，就必然闭目塞听，看不到别人的长处和精彩。一个人再聪明，哪怕是聪明绝顶，也抵不过众人的脑袋。

要教学生一杯水，教师须有一桶水。但这桶水是不是"陈旧"了？有没有受到污染？在知识爆炸、科技迅猛发展的今天，只有知识长流水，源源不断地学习、反思、判断，才能引领学生在未知航程中努力前进。问渠哪得清如许？为有源头活水来。

◇ "一桶水"与"常流水"
——谈教师的文化业务修养

"恒"的正能
是不可低估。

　　读书要在"恒"上下功夫，难也难在一个"恒"字。不积跬步，无以至千里，要坚持不懈，锲而不舍。积累需要时日，绝非一蹴而就。一日不多，十日许多，长此以往，学的东西就很可观。恒，是意志的锤炼，毅力的锤炼。岁月为砧恒为锤，锻炼出教师对教育事业的忠诚。

　　博采，除博览群书，还要广泛地向同行学习，择善而从。有两点须注意：一是不能有排他性，孤芳自赏，而应谦虚，有包容性。个人才智毕竟有限，善于学习就能拿来为我所用。二是独立思考，不盲目崇拜。学习别人不是被别人牵着鼻子走，而是要认真思考，谨慎筛选，特别是虚张声势、蛊惑人心的，更要审视一番。要独立思考，自己去拿。

教师与学生的关系亦师亦友，在学生面前，应做到师风可学，学风可师，学习方面也应是学生的榜样。与学生交往，学生耳濡目染，不仅增长对教师的依赖与尊敬，而且学习态度、学习习惯、学习方法会受到良好的熏陶。

学习要从自己的实际出发，有主攻方向，比较系统地学习某些知识，扎扎实实读点书。教师最可悲或最可怕的就是思想停滞，思想贫乏，对事业无兴趣，对新鲜事业不敏感，对学生缺少感情。要使自己的生命之树常绿，思想活泼如汩汩清泉，只有永不停步地去认真学习，认真实践。

学习能吮吸到精神养料，驱赶疲劳，纠正麻木。

◇ 亦师亦友

以两把尺子伴随教学人生：一把尺子量别人的长处，拜众人为师，不断地"照镜子"，寻找自己的不是。一把尺子量自己的不足。每节课以后写总结，反思课的不足、缺陷，乃至错误，思考如何改进。

越"量"越有内驱动力，越"量"越心平气和。

要让学习支撑我们教师的生命，须树立终身学习的意识。教师是知识的重要传播者和创造者，连接着文明进步的历史、现在和未来，更应该与时俱进，不断以新的知识充实自己，成为热爱学习、学会学习和终身学习的楷模。

哲学讲的是对根本问题的根本思考，哲学使人深刻。不懂得一点哲学、不思考的教师是盲目的教师。哲学的思考让人想得深一些、远一些，让人从世界观、人生观、价值观的高度思考和理解问题。从事教育的人忽略和回避了对教育的根本问题的根本思考，就会造成极大的教育祸害。

　　语文教师要建立自己的文化坐标。坐标有纵轴和横轴。纵轴，要了解中国几千年文化，并有一点钻研，不数典忘祖；横轴，打开门窗看世界，不妄自菲薄，也不自我陶醉。在纵与横的交叉中找到一个点——时代的要求。教师身上要有时代的年轮，学会把握时代特征，使自己思考问题具有时代气息。课堂上有时代活水流淌，学生就感奋不已。

　　<u>什么叫未来？未来就在自己的脚下。一个对当前工作不全力以赴的人，是没有资格讲未来的。</u>

◇ 终身学习　与时俱进
　　——谈教师的自我发展

　　教育要取得良好的效果，须对新时代学生的状况做一番认真的调查研究，生理的、心理的；智力的、非智力的；知识基础、能力水平等。既要了解时代赋予他们的共性特征，又要把握他们的个性特点。学生的追求、向往、视野、兴趣、爱好等有年龄段特征，但时代色彩更为明显。认清特点，从实际出发，方能有的放矢。

经常情况是半明半暗，甚至是闭着眼睛捉麻雀。

◇ 20世纪70年代末第一次教学录像

　　我想，人的视觉有两种功能。向外，拓展世界；向内，发现内心。内心丰富，纯正，拓展世界就能认识正确，受益甚多。我用两根支柱支撑自我教育，一是勤于学习，二是勇于实践，二者的聚焦是反思。

（四） 生命的涌动

教课，就是全身心投入，用生命歌唱。仁爱之心在闪光；每节课都有你的信念、情操、学识、每节课都有亮点，都有耐人咀嚼、耐人寻味的东西，经得起听，不同层面学生都能受益，都会升腾起满足感和上进心。

◇上课照

　　教课，全身心投入，用生命歌唱，是一种境界，一种诲人不倦，乐育英才的境界。这种教学境界的出现是要努力攀登的。这种攀登不只是技能技巧上着力，更是理想信念的攀登，学术专业的攀登，对专业对学生"沧海自浅情自深"。

　　施教的语文教师更应具有炽热的感情和创新的智慧，扎实的文字功夫和文化积淀，努力追求在黑板上书写的是真理，抹掉的是功利，举起的是别人，奉献的是自己。

　　教学不是简单的知识传授、能力训练，而是师生互动、思想碰撞、心灵交流、生命涌动、共同成长的历程。

　　课堂气氛宽松、和谐，学生身心解放，无拘无束，无心理负担，就能勇于求知，寻根究底，对文本的阅读与学习就不会浮在表面，而会纵向深入，横向扩展，形成发自内心的独特体验与感受。

◇ 指导学生课外阅读

"外塑"要
促进"内建".

学生获得知识、提高能力不是全靠教师的"外塑"，主要靠学生自己的"内建"。学生是在一定情境下，如在社会文化背景、学校文化背景、课堂环境气氛下，借助其他人的帮助、协作，获得知识与能力。教师传递的只是知识信息，学生积极参与，主动参与，才能内化为自己的所得。因而，学生在课堂上动口、动手、动脑，生命涌动至为重要。

每个学生的心灵深处，都有求知的需要，希望自己能成为一个发现者、研究者、探索者，当寻觅、探求获得预期效果时，那种愉悦往往难以言表。但不少教师无视这一点，常将自己扮演成知识的传授者，一味往学生的大脑器皿里"灌"。学生学习主动性受到侵害，就会厌倦，产生消极情绪，学习质量也就可想而知。

教学过程应该是师生共同参与的一个协同的脑力劳动过程。教师的脑力劳动应与学生的脑力劳动相结合，而最终目的是学生积极地开展脑力劳动。从这个意义上说，教师应努力引领，善于指导。要学生积极开展脑力劳动，十分重要的是抓住"疑"字做文章。学始于疑，有疑才有问，才有思。阅读时脑海里问题涌动，学习就进入良好境界。

学生有问题，有时我们视而不见。

◇ 与学生在一起

要点燃学生心中求知的主动性这盆火是多么的艰难。

一个学生一个样，特别是内向的学生。课堂教学时必须有敏锐的目光，关注每个学生的表情、动作、神态，哪怕是细小的变化、些微的进步，都不能有丝毫疏忽，要及时添柴加温。

教课不能想当然，认为要求不高，学生"吃得下"，多"压"一点，学生就"吃得饱一点"。殊不知学生毕竟是娃娃，我们常把他们当作成人，脑子里似乎同时可装好些东西，于是就不恰当地扩容，再扩容，超越现有的学习能力。轻则学生叫苦不迭，重则厌学，事与愿违。

要从学生实际出发，准确把握学习的分量。

◇课堂教学琐议

我们上一辈子课，很难让学生都记牢，但是应该也必须上一些让学生一辈子都难以忘怀的课。一想到这些课，学生就会感情激荡，精神振奋；就会情景再现，声音在耳边回响；就会冷静思考，做出正确的判断。在不知不觉中，进行生活道路的导航。

课不能只教在课堂上。教在课堂上就随着你声波的消逝而销声匿迹了。课要教到学生身上，教到学生心中，思想、情感微波荡漾，成为他们良好素质的基因。

◇ 师生互动效益谈

课堂教学是教师的安身立命之本。三尺讲台，紧连着学生生命的成长，教什么，怎么教，怎样才能引领学生主动积极地发挥学习主体作用，是科学，也是艺术。不深入钻研业务，不认真研究学生，专注贴教育时尚的标签，这种课轻则是空中楼阁，重则是不着边际，浪费精力，浪费学生生命。

生命只有一次，要珍惜，要敬畏。

任何一种教学手段的运用都要有"度"，有分寸，为实现特定的教学目的服务。只有需要，只有恰当，才是最佳的。否则，就有赘疣之累。

学习语文，带领学生辨别语言文字使用的利弊得失，赏析语言文字的淡雅绚烂，既让学生感受语言文字的实用价值，又使他们在潜意识状态中发展了思维的能力，优化了思维的品质；在阅读、思考、吟唱的过程中，拨动心弦，激昂情感。这种以语言文字为中心的认知教育，与情感教育、审美教育、人格教育高度整合，可为学生的发展打下"精神的底子"。

不应割裂，
单打一。

108

没有民育性
的民学必然苍
白无力。

　　要做到"三个维度"的融合，就要对所教学科的个性特征深入研究，准确把握，然后对某个章节、某个内容反复推敲，找到知识传承与思想情操熏陶感染的最佳结合点，进行"无缝焊接"。知识教育与思想情操熏陶，你中有我，我中有你，融合在一起，密不可分。

　　课程改革有三个维度支撑：知识与能力，过程与方法，情感态度价值观。有的教师认为既然是三个维度，那知识与能力的重要性就冲淡了。课程改革绝不是淡化知识与能力，而是进行整合、筛选，"强主干，删枝叶"，去旧、去偏、去繁、去难，该教的基础知识必须教，不该教的冗枝杂叶，要忍痛割爱。

学生学习的兴趣，自主学习的意识和习惯，不可能自然生成，也不可能一蹴而就，要靠不断激发，要靠持续培养，要靠努力唤醒。对此，教师责无旁贷，要有所作为。付出的是久盛不衰的热情，持之以恒的耐心和锲而不舍的韧劲。

课的有效性讲了千千万，不讲似乎还有点明白，越讲反而越糊涂了。能不能化繁为简呢？课有没有效果，就看学生是否身在其中，心入其中，是否学有兴趣，学有所得，学有追求，学有方向。

课教得一清如水是必须坚持的教学底线，真正做到并不容易。然而，它毕竟只是从文本出发，从教师的教出发，学生观念还是淡薄，更别说个性化施教。学生反馈值得深思：课很好听，好像很清楚，可惜我不会。为此，还应认真了解和研究学情，加强教学的适应性。

语文教学的弊病之一是太强调求同，趋同已成为一种习惯，就好像标准化试题、标准答案一样。语文若是太信奉标准答案，语文教师就可以废除，让机器代劳就行。课文是静态的，阅读是动态的，如果阅读者完全对作者唯命是从，那还有什么独特的看法，独特的见解？求异，有点不同看法，是追求真知的表现。

不人云亦云
何其难！

钻研教材时有个司空见惯的状态，就是"一个心眼为作者"。总是千方百计找优点，找特色，从内容到语言，从构思到结构到表现方法，一套一套，自圆其说，常有理，总有理。课上，有勇者提出疑义，进行挑剔，教者往往不费吹灰之力就加以抑制。抑制的不只是知识，而是掐掉了机遇，让创造意识的萌芽轻易地流失。

备课，钻研教材，应该也必须有自己的独特体会。教学中该不该与学生交流，放在什么场合交流，以什么方式交流，也须深思熟虑，而不是靠一时热情，一厢情愿。不管交流什么看法，或贯彻怎样的教学意图，都必须尊重文本，与文本内容有机结合。

教学中易犯零打碎敲的毛病，就词解词，就句解句，枝枝节节，学生脑子里碎片充斥，不易真懂，更易忘记。插讲一些规律性的知识，引导学生自己理解，判别，虽然多花一点时间，但因是学生思维所得，印象深刻。规律性的知识掌握，自学能力增强，阅读能力也就切实提高。

学有所得是一堂课的基本要求，也是一堂课成功与否的底线。学生的青春是在一堂堂课中度过的。每堂课学什么，怎么学，直接关系到他们学习的质量、能力的提高、素养的形成。学生的青春耽误不起。课前课后我总要拷问自己：你教给学生些什么？学生能学到什么？经过教学实践检验，学生究竟有多少收获？与预先设计的有何距离？教学是不能任性的。

这是良心的拷问。

◇ 作为课文《往事依依》的作者与学生交谈

114

　　学习古代作品，是否只是停留在复制文本的层面？传统的阐释学尽信书，总以为能一丝不变地领会作者的意愿，而忽视人的理解的历史性。历史记载只是人生道路上留下的"迹"，通过生命的表现，才能获得真正的理解。理解就是文本作者的过去视界与阅读者主体现在视界的融合，不是消极地复制文本，而是一种创造性活动。认识发展就是在创新。

　　语文课就是要和语言文字亲近、亲密、亲爱，而不是把它冷落在一旁，让学生"看电影"；也不是把课文甩在一旁，凭空讨论所谓的"问题"，言不及义，胡扯乱说。语文是什么？语文课教什么？学什么？真要想想清楚！

有人说这是改革荒唐！

语文课就其本质而言，就是要让学生看到、悟到、感受到自己个体阅读时看不到、悟不到、感受不到的东西，包括文与质两个方面。如果教师的"教"和学生个体的"学"在一个平面上移动，课必然让学生感到索然无味，课上与不上没有什么区别。为此，教师备课要善于发现，善于分析综合，有解读和挖掘文本的真本领。

◇ 在珠海语文教学报告会上

116

　　语文教学千万不能只局囿于课内，要以课内促进课外，尤其是引导学生广泛阅读，培养他们读书的嗜好，做到精读、博览相辅相成。嗜书的感情与习惯不是天生的，要靠引导，靠现身说法。培养他们的阅读嗜好，就等于帮助他们抓到源远流长的知识泉眼，让他们在人类、社会、人生的层面上学习语文，追寻真善美，构建起自己的精神家园。

◇在生活中学习

教学上要有高标准，要追求卓越。年轻人要脱颖而出，这个"颖"就是锋芒，要有光彩。标准一定要高，这不是从个人获取渺小的名利出发，死乞白赖地维护个人的得失，实现个人的欲望。标准高，定位高，是语文教育事业的需要。创一流教育最为重要的是要有一流教师，青年语文教师就要有锐气，一个心眼儿钻研教学。

有人把教课看得十分容易，认为一堂课40分钟，只要有教材都能上。那是看人挑担不吃力，没有入门的缘故。课堂教学不仅是科学，而且是艺术，不同的教师在等同的教学时间内创造的质量可以大相径庭。即使这个人能上课，平铺直叙与多维角度的塑造，学生得益必定很不相同。且不说业务水平高低，单是态度也值得研究。

语文教学的大门在哪里？

如历其境和身历其境是两个不同的概念。我们的课堂教学经常是让学生如历其境，好像进到这个境界中去了，实际上还是旁观者。一定要让学生身历其境，自己进去了，去读去写去想，让课堂成为他实践的场所，成为他学习文本、理解和运用语言文字的场所。

教学原本就是创作，精心设计，用心取舍，既有感情的激荡，又有思辨的活跃。每位教师都是创造者，心中怀着培养学生成长成人成才的大目标，孜孜不倦地追求，必能用激情与生命铸就美丽的育人乐章。

教学相当程度是即兴创作，它的质量支撑是学术素养与仁爱之心。

120

教师板着面孔上课，满口严肃的话，学生就会如芒在背，学习效果大打折扣。笑是感情激流的浪花，课堂里有笑的细流在潜动，师生就感情融洽，气氛活跃。要善于营造这种和谐、愉悦的气氛，即使遇到不愉快的事，教师也要冷静思考，用温情的语言加以开导，让学生在无思想压力下受到温馨的教育。

幽默的语言不是无聊的乱侃、逗笑，不是庸俗低级趣味，而是寓教于乐，寓庄于谐，有情趣、理趣和谐趣。幽默的语言多运用妙语警句、双关语，描述生动有趣，想象夸张。旧语换新义，特别须注意具体的场景，听者的心理状态。

当崇高的使命感和对教材的深刻理解紧密相连，在学生心中弹奏的时刻，教学艺术的明灯就在课堂里高高升起。

朗读从来都是学好语文的一种有效方法，课堂教学中适当地安排朗读，无可厚非。然而，不是每一篇文章都要朗读的，有的经典著作也不一定适合朗读。任何教学手段、教学方法都有其积极作用，但也都有其局限性。不顾时间、条件，不顾文本的个性和学生的认知特点、实际水平，生搬硬套，没有不事与愿违的。

"拓展"本无错，开阔学生视野，增添一点广度深度，本是学习应有之义。然而，文本三言两语学一学，然后抓住某一点或某几点，一拓三千里，课的内容杂而乱，貌似博古通今，实则有点卖弄，这就值得警惕了。课要扎扎实实让学生学有所得，这是教学的基本原则。课内要准确定位，有些材料可印发给学生，供课外阅读。

习惯贵慎始。教师教学的兴奋点常集中在知识传授，能力培养，如何把课上得精彩，未把学生学习语文良好习惯的培养放在应有的位置上。不良习惯冲淡乃至冲走了教学的痕迹，事倍功半。须知：习惯有巨大的惯性，一旦养成，就成为人的自然而然的心理与行为状态；习惯可以改变，"养成"与"改变"的条件都是时间——久。为此，要坚持不懈地努力。

这方面下的功夫太少。

课的起始阶段就要精心设计，亮闪闪，吸引学生的注意力。"凡起句当如爆竹，骤响易彻。"亮点的设计要从学生实际出发，浅表、艰深、偏僻，效果适得其反。起点的亮，关键在妙言妙语、妙人妙事，聚焦在点燃学生心中的火焰。如果拖拖沓沓，絮絮叨叨，占用较多教学时间，亮点就成了黑点。

师生平等对话须坚持教学目的和要求的落实，正误判别不可马虎，尤其不能在是是非非面前和稀泥。对的就是对的，错的就是错的，坚持科学性，切不可把"不对"说成"对"，说"都好""都好"，离了教学的"谱"。不能认为跟着学生转就是"平等"。

　　"导入语"不是静态的，一与学生接触就流动起来，活跃起来，因而，"导入"也要学会在各种情况下的"导"，使它充分发挥应有的积极作用。

　　至于那种低俗的、卖弄噱头的、花里胡哨的、追求轰动效应的所谓"导入"，对课堂教学是一种亵渎，不能仿效。

◇　准星不能偏

更严重的
是考点的植
入。

有些课，学生激情被点燃，气氛热烈。教师突然来一段知识讲授，温度下降。今日看来，这不是教学内容、教学环境处理不当的技巧问题，而是这类植根于现实生活土壤，作者用激情和生命歌唱的诗文，究竟拿什么来指向学生的心？语文知识当然要传授，并要在与内容的"融合"上下功夫，但直指人心的应该是感情的激荡。"感人心者，莫先乎情。"

文学作品是生活的教科书，学生阅读各种类型的小说，情节、人物、环境各有特色，单凭感情上产生激荡，难以深入底里，需要培养理性思考的能力，分析、比照、综合、判断、概括、提炼均不能忽略。

　　教师在教学中拥有话语权，不该用时滥用，当然会抑制学生学习的主动性、积极性，影响他们表达自己独特的体会，独特的见解。教学从来不能一味求同，要鼓励学生求异思维、创新思维。但教学毕竟不能杂乱无章、各行其是，正误、是非、深浅等要辨别清楚。就这一点来说，教师的话语权须牢牢掌握，发挥画龙点睛的作用。

运用现代信息技术时，千万不要冷落文字，语文学习的主要凭据是文本，文本中一篇篇课文由语言文字组合而成。作者织锦成文，学习者感知、感受、感悟，应着力于对语言文字表情达意的表现力、生命力的推敲咀嚼，从而体验母语传承文明、传承中华优秀文化的魅力，提高对母语理解和应用的敏感性，全面提高语文素养。

语文教学培养学生思维能力、思维习惯有其独特的优势。语言是思维的外壳，思维是语言的内核，思维的存在凭借语言，而语言又是思维的工具。语言表达的过程实际上就是把思维的结果静态表现出来的过程。语言不是单纯的载体，思想、情感、语言同时发生。教学过程应把思维的培养及发展与语言文字的学习品味放在同等重要的位置。

思维训练经常缺失。

　　带领学生解读文本，易犯重内容与表达、轻思维训练的毛病，思维的准确度、广度、深度常被忽略，未放到应有的位置上。有时将嚼烂的知识喂给学生，有时在散装的词句上兜来兜去，要学生圈一圈，画一画，记一记，把思维方面应有的训练"转嫁"或埋没于琐碎之中。这种学习常有口无心，收效甚少甚微。

130

怎样让学生脑中常有问题涌动？一是反复强调学习中生疑、质疑、析疑的重要，懂得"心之官则思，不思则不得""为学患无疑，疑则有进"；二是鼓励和指导学生生疑，并常在学生不易产生疑问处设疑，启发学生思考；三是尊重学生思维的火花，分清主、次、轻、重，引导学生相互启发，寻找答案，形成探究氛围。

教学中不能企求学生的发现与认识都是正确的，无懈可击的。只要言之成理、持之有据，均可以鼓励。不完美的、片面的，乃至有差错的，都要认真对待，满怀热情地积极引导，千万不能挫伤。点燃求知之火十分不易，熄灭它一句冷言冷语就足够。学生的求知欲望要千百倍地爱护。

差错，不理解，是求知过程中的常态。

在教学过程中，教师要根据教学目的要求善于运用恰当的钥匙，不断拧紧学生思维的"发条"，使它转动起来。"为什么?""怎么样?""是何缘故?""有何根据?"引导学生对课文的内容、形式、语言等思考、辨别、分析、归纳，懂得形成结论的过程，以及怎样去掌握结论。

学生学习积极性高涨之时，会出现各种各样的疑问，提出各种各样的问题。面对众多问题，教师于喜悦的同时，须头脑清醒，立即分清主次、轻重，围绕教学目的与重点难点进行筛选，择最需要的加以解答。否则，枝枝节节，围着大大小小的问题转，碎不成章。答疑是教学中的重要环节，解答什么须慎选，不能"全面出击"。

"问"，是学生学习的基本权利，为此，教师就要在专业素养、文化积淀上下功夫，经得起问。教师不是万能博士，不可能解答出学生提出的所有问题。知之为知之，不知为不知，不能糊弄学生。但是，无论如何要注意学习，多读点书，增加自己的文化底蕴。厚实的民族文化是教师文化底蕴的基石。

不培养学生"问"的能力与习惯，良师良学上也难以长进。

人是有情感世界的。语文教师对语言文字浇灌而成的美文佳作充满热爱之情，就会进入作品深处了解精髓，深入作者内心触摸、感悟其深邃的思想、缜密的思维、生命的诉求、人生的探索，就会思维碰撞，进行真正意义上的"对话"，肝胆相照，心心相印。也只有对作家作品心醉神迷，才真正懂得作品的价值意义所在，教时真心袒露，真情流淌，给学生以感染。

强调课堂上"能者为师"，不是放弃教师的责任，让学生随意讨论，随口说说，远离文本，不沾语言文字的边。语文课就是语文课，教师是教学的组织者、参与者，启发、引导、点拨学生学习的指导者。如果自主与自流、讨论与"放羊"不严格加以区别，学生又怎能学有所得，深受其益？

教师不能充当学生学习资料的广播员，喋喋不休地讲啊讲。

求知，"知"要自己去"求"，而不是坐在那儿听现成的。被动接受和主动学习，效果往往迥然不同。

136

预先告知学习的目标，有时会影响学生思维的发展。先高悬一个结论，然后要求学生沿着这个轨迹去寻找例子来验证，远不及引导学生真正进入作者所写文中，从整体到局部，再从局部到整体，体会作者的思想情感及语言运用奥妙的真切。学生把点点滴滴体会归纳、概括、提升，具体而不空泛，能切实提高阅读能力。

学生提出多种多样的问题，教师不应急于解答，越俎代庖，丧失启迪学生思维的良机，也不能放任自流，说到哪里是哪里。任何问题，即使可多元解答，也总有个"谱"。一时下不了结论的，可存疑，挂在那儿，继续探讨。教育是有计划有目的的活动，学生在探究的过程中须收到实实在在的学习效果。

要鼓励学生求异思维，有自己独特的看法。求异思维能冲破习惯定式，经常有推测、假说、联想、想象等活动参与，创造出新颖的、不寻常的、耐人寻味的种种看法，有利于创造意识的培养。

板书要精心设计，书写端正、美观。

板书助学生学课文，理头绪，抓要点，品精彩，思维能力也伴随着对语言文字的理解与运用得到锻炼与发展。

好的板书往往给学生留下深刻印象，想到它，课文就如在眼前，甚至一二十年后还如数家珍。

为师须有这
项基本功。

　　教学环节组织得恰当与否，看似教学方法问题，实质是教育理念问题。尽管平时常把"面向"挂在嘴上，但心中究竟有多少学生？是几个学习尖子，十几个学习积极分子，还是全体学生？课堂教学几乎形成一种定式思维，只要有一些"学习台柱"支撑，教学过程就能顺妥地推进。教学环节设计为"学"还是为"教"？

◇ 许多学生是我的榜样

教学中培养尖子当然责无旁贷，但这与教好每一个学生、大面积提高成绩并不矛盾。关键在承认学生的独特性、多样性，一视同仁地尊重与爱护，每个常人身上都蕴含着有待开发的巨大潜能，教师的责任就是把每个学生身上蕴含着的潜能变成发展的现实。千万不能因自己的粗疏，抑制乃至挫伤一些学生的求知欲和创造意识。

◇ 20世纪80年代中国语言学会成立大会与专家合影（张志公、罗竹风、史存真、李振麟）

"我是认真的，很认真的。"要懂得自己
所从事的工作的意义与价值，要尽心尽力。

五 语言的魅力

教学语言犹如万能钥匙，功能齐全。只要执教者珍视它，有效地使用它，言之有物、言之有序、言之有情、言之有文，学生就会聚精会神、言之有理、言之有文，学生就会聚精会神、思维活跃，听到精辟精妙处，会情不自禁地欢呼雀跃。这种求知的气氛，求知的欢乐，单凭无生命的信息工具是无法创造的。

正确规范是教师教学语言的底线，不能把社会上失范的语言随意拿来，以求博得轰动效应。如语言的膨胀症，说大话，夸大其词，小事用大词，平常事用高端词；如夹杂最时尚的外语、某些不堪入耳的网络语，会给学生学习语言带来负面影响。课堂不是嘉年华，不是娱乐场，是学生求知、成长的场所，切不可忘。

教学语言清晰动听应是教师进行课堂教学的基本要求。要做到清晰并非易事，语音、语速、语调，均要推敲。话一说出来就是最终形式，不可能像书面语反复修改，因而更要精心。语音的高低、强弱，语速的快慢、节奏，语调的高扬低抑、平直曲折，均须视教学内容、教学情境而选择，力求学生听得清楚，听得愉悦，入耳入心。

　　优质的教学语言是多功能的，能创造教育性价值、情感性价值、审美性价值、和谐性价值、启发性价值等。视不同教学环境、不同学段学生采用，就会出现某一价值突显，或某几个价值突显，收语言魅力之效。

　　教师的教学语言大多数收到的是教学的即时效应，但不少言简意赅、言简意深的精辟语言常常会影响学生的人生走向、处世准则和对常识的追求，产生长期效应，乃至影响终身。为此，对教学语言的教育性价值不可小视。

只讲实用价值，未免太功利。

施教之功在于启发引导，点拨开窍。启发引导直接影响教学质量的高低，如何启发引导，相当程度取决于教师的教学语言。有教育家指出："教师的语言素养在极大程度上决定着学生在课堂上的脑力劳动效率。"优质的教学语言经常能显现对听者的启发性价值。

指导学生阅读或写作，谈某一个问题，三次五次，总是同样的话，学生听腻了，味同嚼蜡。应语汇丰富，在同义词、近义词中用心选择，再加上角度的转换，效果就很不一样。谈同一个问题，在不同场合又有些微变化，不重复同一句或同一词语，学生有新鲜感，乐于接受。

千万不能语言贫乏，像个瘟三。

声情并茂不是提高嗓子、矫揉造作，而是要有发自肺腑的真情。教师为文本中高尚人物所感动，自己动情，才可能对学生动之以情。教师动情，语言就会有感情的冲击波，这种感情的冲击波是心声的吐露，能叩开学生的心扉，使学生受到感染。强调"情"，不等于语言不考究，"言之无文，行而不远"。

◇ 谈谈语文课堂教学的有效性

◇ 个别指导写作

教学中也要善于娓娓而谈。娓娓而谈，就是敞开自己的心扉，或叙述，或评论，目中有人，语调平和，字字句句轻叩学生的心弦，犹如小河流水，淙淙潺潺，悦耳动听；犹如春风化雨，吹拂学生的心田。

娓娓动听特别要注意思路的清晰和语言的优美。

教师的教学，相对来说，用文字的比较少，大量是用口语，因此，口语是教师从事教育教学的基础。教师口语是否规范、生动、娴熟、有趣，是否有说服力和感染力，关系到教育质量的高低，丝毫不能掉以轻心。

情是教育的根，"感人心者，莫先乎情"。教师的语言要能拨动学生的心弦，就要以声传情，注情于声，声情并茂。教师带着感情教，满怀深情说，所教的课，所讲的道理就能在学生心中引起共鸣，从而使师生心心相印。

教师要善于用风趣的语言开导学生，讲究幽默，把情趣和理趣结合起来，使课堂充满笑声，充满和谐、愉悦的气氛。风趣、幽默，是语言艺术。对词义的褒贬、色彩、应用范围等创造性地运用，就能收到非比寻常的功效。风趣、幽默，特别能启迪智慧，因而，对学生很有吸引力。

148

教学也是
语言的艺术.

教学语言中叠音词的恰当运用，可增加语言的音乐美。如灵活的句式、长句短句、整句散句，与一定的修辞手法，如比喻、对偶、排比等结合起来运用，就更增添教学的趣味性。哪怕是课的起始阶段，对文章概貌进行简介时，也要斟酌语言，挥洒色彩。

学点演讲的本领也是让教学语言闪现光彩的必由之路。演讲不同于讲课，讲课是按照学科本身内在的逻辑体系，循序渐进地传授知识，讲解问题；演讲则是按某些问题本身的逻辑，深入浅出地讲解其中的某些道理。讲课如适时适度地运用演讲技巧，可增强感染力，提升教学效果。

　　讲课中的演讲绝不是长篇大论，而是在关键之处插入，醒学生耳目，在思想深处留痕。要语言鲜明，不晦涩；采用有生命的词汇，不干瘪，不枯燥；语势通畅，有情有味。根据内容与学情，选用不同的语言风格来表达。只要内容翔实，语脉清晰，感情饱满，重点突出，就会富于吸引力，收满堂生辉之良效。

有些教师认为课程改革中学生是学习的主体，讨论、交流为主，教师讲授已"退位"；真要讲问题，制作演示文稿即可，何必还要探讨教师的教学语言。殊不知教师语言应是一种教学艺术，"教育人是艺术中的艺术，因为人是一切生物之中最复杂、最神秘的"（夸美纽斯语）。教学语言是实施教学工作最基本最直接的手段，理应讲究质量，讲究品位，讲究艺术。

教学语言是一种专业语言。它既不是纯粹的书面语言，也不是日常的大白话，它须有文化含量。浅显中有内涵，通俗中有端庄，是科学性、教育性、艺术性的融合，具有独特的传递信息、开启心智、交流情感的巨大魅力。

　　优秀的教学语言总带有磁性，像磁石吸铁一样，对学生有吸引力、感染力，能辐射到每个学生的心中，激发他们的求知欲望，佐助他们提升求知质量。为此，教师须注意语言艺术的研究，加强自身的语言修养，教学语言的基本功更是不可忽视。

磁性的教学语言，对学生而言，是一种享受。

◇《变色龙》教学片断

152

白老说话是
思维的外壳。

　　语言贫乏，干瘪无味，是教师口语的大忌。翻来覆去用那几个词，说来说去那几个句式，总觉得意思没能充分表达，但又苦于找不到恰当的言辞。这种情况貌似语言问题，实则受到学识和文化的制约。可能对要讲述的事物有某些认识某些了解，但往往局囿于表层，既无深度，更谈不上旁征博引，因此，表现在语言上就干枯无趣。

　　如果就语言训练语言，只是治标，难以收到理想的效果；如果探究语言毛病的内在因素，标本兼治，效果就大不相同。

　　口头解说能力在课堂教学中占十分重要的地位。口头解说须有很强的针对性，总是针对特定文本中的某些人、事、景、物，某些概念、事理进行阐释与说明。最为重要的是准确、科学地反映内容、形式与规律。只有对文本的钻研深入底里，对概念、事理有真切的了解，把握学情，才可能正确确定讲述的重点，解说得条分缕析，明白无误。

最怕是纠缠不清。

教师口语是否规范、生动、娴熟，是否有说服力和感染力，不仅是技能技巧问题，更与内在素质密切相关。应抓内在素质的提高，促口头语言的表达；抓口头语言的表达，促内在素质的提高。言为心声，言为表、心为里，二者双锤炼，二者双提高。

三尺讲台方寸地，教师语言发挥的作用往往能超越时空，在学生心中弹奏经久不衰的乐曲。能否达到这个境地，关键在语言里是否有"魂"，是否有人的精神的光彩。

有些经验丰富的教师讲课要言不烦，一语中的，特别是数理化教师，逻辑推理，一环扣一环，滴水不漏。究其原因，这些教师思路清晰，思维合乎逻辑。语言的轨迹也就是思路的轨迹，思路轨迹清晰不乱，语言也就有条不紊。

语言重复啰唆，是因为思维赶不上趟，来不及反应，或者是思维出现这样那样的缝隙，一时找不到合适的东西补。 须积极锻炼思维的敏捷性与严密性。经常训练思维的速度，反应灵敏度就提高；经常开展多向思维、多角度多方位思维，有助于弥补不足，使思维日趋缜密。

要有意识地清除自己语言中的杂质。要讲普通话，力戒羼杂方言土语，羼杂网络语言，羼杂几句外语。语言上的混杂、不纯净，不仅影响听的清晰度，而且影响学生运用规范化语言思考的能力，影响他们语言的健康发展。

教学中常有"这个""那个""然后""后来"等口头禅，必然影响语言的清楚明白。语言芜杂，拖泥带水，就会大大降低表达的效果。清除杂质，克服口头禅，净化语言，努力做到吐字准确，语言精练，"丰而不余一言，约而不失一词"，学生听起来就愉快，接受起来就方便。

<u>语言有温度，字词知温暖。</u>

在教学中，尤其在处理教学重点、教学难点时，教师语言要有形象性、情感性、制约性和调控性，要从学生求知的内心需求出发，让学生感到关心、体贴、尊重、信任、友好、诚恳。学习环境温馨，学生学习主动性大增，重点就易理解，难点就勇于攻克。

语言冷若冰霜，就把学生于千里之外。

语言是心灵的镜子，一个人只要说话，就映照出他的心灵。

教师在教学中语言情真意切，令学生感动不已时，一定是由于他在钻研教材时，身心沉浸其中，心灵受到震撼，受到洗礼，对教材中蕴含的正气、精神、力量，要赞美、要歌颂。情动于中而言表于外，胸中真情激荡，语言才有感人魅力。

口头语言和书面语言有区别，前者作用于人的听觉，瞬息即逝；后者作用于人的视觉，读的人遇有艰深之处，可反复阅读，仔细咀嚼，思索理解。因而，口头语言较之书面语言来说，通俗易懂更为重要。教师讲述概念、定理、定律，剖析教学重点、难点、关键，要力求通俗易懂，千万不能佶屈聱牙。

　　语言是否通俗易懂，除对所教内容是否透彻理解外，还有赖于遣词造句的功力。要善于从同义词、近义词、反义词中选用最恰当、最鲜明、最常见、最易听懂的有关词语表达情意。深者浅之，难者易之，生僻的、容易误解的少用或不用。要注意长句化短，繁句化简，多用短句，少用复句，意思比较复杂的可用几个短句剖开来说，不搞修饰语、限制语的堆砌。

◇ 公开课《荔枝蜜》

　　今天，绝大多数中国人都学了十多年甚至二十多年的语文，但人们究竟能感受多少文学的美好，究竟拥有多少语言的力量，又有多少人认为文字是我们安身立命的基础？

体罚伤体，
恶语伤心。

教学语言的大忌是对学生缺情少意，那些挑拨式的、预言式的、挖苦式的语言对学生心灵是很大的伤害。台湾作家三毛中学时代受数学老师奚落伤害之事，可说是饮恨终身。学生的心灵是稚嫩的、柔弱的，教师在教学中有意或"无意"说出来的一句恶语，很可能刺伤那颗稚嫩的心，损伤他的自尊与自信，严重的甚至会影响一生。

语言暴力最伤害的是学生的自尊心，尤其是儿童受害更深。自尊与儿童的心理、行为、学业、对环境适应能力都有关系，自尊心受到损伤，儿童的心理会出现种种不健康状态，如焦虑、不安、自卑、封闭，影响正常发展。一个丧失自尊的孩子，是不可能成人成才的。教师要像保护自己眼睛一样，保护学生的自尊心。

　　语言暴力形式多样，破口大骂式的往往发生在低学年段的场合。一点小事不顺心，就口无遮拦，由着性子信口雌黄，还以为学生小，不懂事，可以骂"服帖"。殊不知为学生做了极坏的榜样，丢失了为师者的尊严。究其原因，信奉的是专制式的家长统治，忘却了甚至不理解教育的春风化雨的育人本质。

◇ 面批作文

还是师德
问题。

　　学生勇于发表意见时，如果与教师的看法相左，甚至否定教师看法，有的教师就控制不住自己的情绪，冷言冷语，说反话，弄得学生下不了台。学生如再申辩几句，教师就会突然由冷转热，暴跳如雷。语言暴力、教态反常的背后不仅对学生缺乏尊重，而且缺乏对真知的探讨与追求。维护的是虚假的面子，丢失的是教师的自尊。

　　语言暴力不都是一大堆、一大串的，在恶语体系中冷箭最可怕。不动声色，短句，判断句，结论式，高度概括，直刺学生的心灵，那种痛楚锥心，难以排除。出恶语时唯恐不狠、戳不到痛处，以为只有如此才能获得成效，殊不知是对心灵的摧残。恨铁不成钢，也是可以好言劝导，循循善诱的。关键还在于修炼一颗仁爱之心。

　　做老师，要包容各种各样的学生。而这个包容，不是居高临下的，而是走入学生的心里头，去跟他平起平坐，体会他的情感，体会他的想法，这样才有共同的语言。

文化地质层

民族的语言文字是本民族的文化地质层，它无声地记载着这个民族的物质和精神的历史。爱自己的民族就应该热爱母语，它是民族文化的根。母语，意味着一个民族生命力的盛衰；母语的盛衰，实质上是对一个民族心灵的直接挫伤。

美不胜收。

语言文字是民族文化的灵魂。翻开用汉字写成的一页页纸，你会惊喜地发现自己已步入画廊。在对书的内容尚无知晓的情况下，一个个汉字就好像是画廊壁上的一幅幅画，争先恐后地向你诉说它的喜怒哀乐，它的喧嚣宁静，它的幽默沉思……此时此刻，你的感官、你的想象、你的情绪、你的思维，会跟随着文字的内容迅速进入状态，不由自主，心甘情愿。

语言是人类用来表情达意的声音符号系统，文字可称为表情达意的形象符号系统。前者使用较快，且能以自己的无穷变化应对人类的繁复情意；后者的优点在于能传远方，传后世，有相当的存续性。中国浩如烟海的古籍记载了中国社会的发展变化、中国文化的源远流长、中国一代代人的精神与睿智。学习母语，热爱母语，能真正感受到与民族文化的血脉相连、骨肉亲情。

人类发明了文字，才彻底摆脱野蛮人的生活方式，启动人类的文明创造，传承思想、情感、智慧。汉语言是中华文化之根，语文教师不仅对它要满腔热情满腔爱，而且要心存敬畏、精心传播。

语言文字有巨大的魅力，它蕴含着人类独有的情和意，蕴含着浓郁的民族情结，丰富、深邃、色彩斑斓。以最大的审美敏感尊重它、爱护它、亲近它、探究它，它就会真诚地向你敞开心扉，无私地向你奉献无数的珍奇异宝。

汉字特别具有灵性，是具象的、灵活的、富有弹性的，创造的空间大。汉字是民族的灵魂，是民族生命的百科全书。一个方块字，就是一片天地，就是一部历史，就是祖先的回忆与希望寄托之所在。

语言的背后是一种文化的深层编码，是一个民族的集体意识。一个个汉字的故事中无不蕴含着中华文化的基因，哲学智慧、伦理道德、风俗习惯、审美意识，稍加触摸，就会感受到它的博大精深，无穷魅力。热爱语文，在习得语文能力的同时，孜孜不倦地把蕴藏的优秀文化基因植入自己的血脉，可促进心灵发育，精神成长。

识字真正不容易。一个字的读音就有许多学问，通常的情况是只知其一，不知其二。形声字误读也屡见不鲜，再加上方言的干扰，走音走调的也不少。释义也是如此，不是大而化之、欠精确，就是缺这少那、不完备。与文章分析比较，显然是教学中的软肋。识字是硬功夫，须有小学（汉代称为文字学）底子，自己含糊，实在愧对学生。

认为识字只是小学阶段的事，那是大错特错。

◇ 和六一届学生交流

　　语言是人整个学养的基础，它的重要性常被忽视。人生活在语言中，生命开始，意识刚产生，语言就像空气一样围绕在身旁。语言使人有了世界意识，有了文化意识，有了历史意识，而人生活在文化、历史的世界之中，不能离开语言而存在。从教育的角度说，教育是培养人、塑造人、提升人的精神世界，思维、情感离不开语言，因而，没有语言就没有教育。

　　汉字的构成犹如人一样，有外形和骨架，思想和神韵，情感和精神。因而，书写汉字，不仅用手，更要用心，想清楚再下笔，端端正正，一丝不苟。汉字包蕴了东方思维——具象、隐喻和会意，这也是中华民族重要的精神资源。辨认有些字，稍加想象，先民们的生活便栩栩如生展现在眼前。探究某些字的意义，会发现中华文化的"基因"藏寓其中，大大增长智慧。

多元经济并存、西方文化渗入，对缺乏文化判断力的学生而言，常会错把腐朽当神奇。更为可怕的是"一切都是国外的好"的论调的传播，搅乱了学生的思想。思想上的殖民对学生学习母语形成了巨大的冲击力，不少学生对语文漠然、无所谓，乃至厌倦。母语教学面临前所未有的严峻挑战。

一个文明的有素养的民族对自己的语言文字是视若珍宝的。语言文字对外是屏障，对内是黏合剂，它蕴含着民族的思维方式，民族的睿智。我们的语言文字形美以悦目、音美以悦耳、意美以悦心，其中有无限的宝藏，陪伴人的终身。青少年学生真正进入了这个宝库，能长知识、长能力、长智慧，吮吸中华优秀文化与人类进步文化的滋养，一辈子受益不尽。

语言文字是民族之根基，对传播民族情感、滋润学生心灵具有不可替代的重要作用。母语伴随人的终身。如果孩童时代就因功利思维的泛滥，人为地制造与母语的疏离，让他们对自己祖国的语言文字无敬畏之心、无热爱之情，又疏于学习、训练，弄得不好，是会数典忘祖的。

　　语言是思想的直接体现。各民族的语言都不仅是一个符号体系，而且是该民族认识世界、阐释世界的意义体系和价值体系。符号因意义而存在，离开意义，符号就不成其为符号。这就是说，语言不但有自然代码性质，而且有文化代码的性质；不但有鲜明的工具属性，而且有鲜明的人文属性。

不能只见其一，
不见其二。

语言是工具，然而又不是一般的工具。语言和人（身体、大脑）是俱在的。语言不是独立于人而存在的一种工具，而是人类自身才能拥有的工具。语言这一工具是和其装载的文化、思想不可分割的。也就是说，语言不能凭空存在。我们常说"语言是思维的外壳"，这"外壳"与"内核"是不可分离的一个整体。

离开了数字，谈数学就失去意义，离开了语言文字，还谈什么语文学科或语文教学呢？中学语文是一门基础学科，是学习文化的基础，非常实用而且内容丰富多彩，属于人文学科范畴，而且语言文字本身装载着文化。民族的文化是民族的根，语言是文化的根，所以，语言是一个民族的根之根。

语文教育有多种属性，因从事的是语言文字的学习与训练，故而本质属性是工具性与人文性的统一。汉语文教育有优秀的人文传统，培育出一代代道德文章彪炳千秋的文人学子、爱国爱民的志士仁人，哺育出千千万万的美诗佳文，传播中华优秀文化。抽掉人文内涵，语言文字之魂何在？

人为地割裂，贻害无穷。

◇ 语文功能面面观

不承认语文的人文性，必然只注重语文形式，忽视语文内涵。文化内涵本是语文的固有根基，教材中的任何课文都是思想内容和语言形式的统一体，不可分割。只讲形式，就会架空内容，语言形式也就随之失去灵气，丢失光泽，变成缺乏生命力的僵死的符号。

教学是一种个体意识很强的工作，由于认识的差异，对课程标准领悟的正误、深浅，实践中会产生各种各样的问题。如有的脱离文本、脱离语言文字对某个观点、某个问题大加生发，无限延伸，貌似表达人文，实则是扭曲。语文就是语文，不能丢掉了语言文字，随心所欲地曲解。执教者应总结经验教训，加以改进。倘若以此作为否定人文性的根据，未免有失公允。

　　语文的性别一定要搞清楚，它是语文，是文科。培根讲过，物质是以它的诗意的光辉向着整个人类微笑。语言文字也是如此。它应该以诗意的光辉向着学生微笑，来感染、影响学生。而今，为了"应试"这个"伟大的事业"，"没心没肝地把孩子撞倒了"。

为考而教，违背语文学习规律，后患无穷。语文不是教学生读书，学课文，而是刷题竞赛。将许多文质兼美的文章"肢解"成若干习题，抠这个字眼，抠那个层次，文章的整体就没有了，文章的灵魂也不见了。脑子里如马蹄杂沓，堆砌了许多字、词、句的零部件，许多零部件之间又缺乏逻辑联系，散物一堆，这算是学语文吗？

为考而教，着力机械操练、反复操练，实质上是将文章的语言和内容严重地割裂开来。语文中的字词，都是一定语言环境中的字词，脱离了语言环境，寻词摘段，抠字眼，说这个词用得好，那个词用得不行，能正确判断吗？把原先浑然天成、有血有肉的佳作，变成鸡零狗碎、毫无生气的东西，学生又怎能从中提高真正的语文能力？诸多学生不得已，只好"猜""猜""猜"。

考试本是手段，通常功能有二。一是检测，以考试检测教与学的情况，看到成绩与存在的问题，便于总结经验与提出改进措施。二是选拔，根据学校招生需要或单位用人需要按一定标准选拔考生。教育本质是培养人，是"人之完成"，学校教育的目标是按照国家教育方针培养德智体美全面发展的建设者和接班人。以考定教，错把手段当目标，必然乱象丛生。

可怕之说的是素质教育，行的是考试教育。而且脸不红，心不跳。

崇尚机械训练，在题海中翻腾，育分不育人，把活生生的人变为解题的"机器人"，学生的思维能力、想象能力、创造意识被抑制，个性、灵气也被消解。教师成了"操作工"，主要精力不是研究教材、研究学生，而是研究考题、研究解答的捷径。教育素养、学科素养的整体提升受到抑制，难以涌现特别优秀的教师，教育质量的全面提高深受影响。

语言文字是工具，不练难以深刻理解，不练难以体会其中的微妙，不练不能熟练地掌握。练，在语文教学中占有重要的位置。练什么，怎么练，其中大有学问。不能一提到练，就是书面作业。字、词、句、篇、语法、修辞等语文知识的理解与掌握，可通过书面进行训练，也可通过口头进行训练，还可把二者结合起来。练的天地十分广阔。

安排学生进行语文练习，课内也好，课外也好，不管是简单的、复杂的，单一的、综合的，不管是个别的、集体的，零碎的、系统的，一定要讲求实效，来不得半点虚浮。那种罚抄多少遍，在一个层面重复做许多道题的做法，不仅不能收到提高的效果，而且让学生心生厌倦，对语言文字的敏感度大大降低，实在得不偿失。

盲目操练，浪费生命。

教学生学语文，要让学生对语言文字有敬畏之心、热爱之情，而不是无情无义地操练。汉字是文化的象征，中华文化能传承几千年，汉字是功不可没的。与拼音文字相比，汉字的艺术性很强。汉字是平面的、方块的，非常有画意。打开外文书籍，看上去像是砖头砌的墙，密密麻麻的。打开小学生的课本，犹如进入一个画廊，这些字向你诉说自己的神韵。

汉字的书写是平面的，同时，它又是多角度的。比如，有的字笔画是平行的，有的是横竖交叉的，每个笔画都有自己的特点。错综复杂的笔画组合起来又很优美，有的雍容华贵，有的挺拔俊秀，本身能给人以很多美感。带领学生从小接触优美的汉字，认真地学习，品味其中的韵味，不仅学得技能，情操也获得陶冶，能收获一颗宁静的心。

　　语文教育要致力于拥有自己的话语权。从 19 世纪末以来，西方的话语权随着它的军事扩张、经济扩张，覆盖到世界每一个角落。而今，文化上的渗透可说是无处不在，对母语教育带来极大的挑战。而我们内部的有些人对自己的民族语言的意义与价值，缺乏深刻的理解，甚至认为学生不喜欢古文，不喜欢中国文章，就不要学。荒唐！

　　教师要有拼命学习的素质与本领，犹如树木，把根须伸展到泥土中，吸取氮、磷、钾，直至微量元素。只有自己知识富有，言传身教，才能不断激发学生求知的欲望。

七　善读可医愚

读书，是人类特有的神圣权利。人有文字，禽兽没有文字，禽兽当然无此权利者交流，读书可跨越时空和圣者与者交流，读书吮吸精神养料，与圣者相遇的聆听教诲，智者交流，展视野，心开启智慧。

读书是人的成长的需要，心灵的发育，书是心灵发育的珍贵养料。阅读应成为人生的料。阅读史就是人的心灵发育史，阅读应成为人生的伴侣。

　　1972 年联合国教科文组织大会上提出了"阅读社会"的概念，倡导全社会人人读书。"读书人口"在这个国家人口总量中的比例，将成为该国综合国力的重要标志。

　　这一倡导提醒我们：国力不仅是经济、军事的实力，人的文化实力也至为重要。让人口不成为负担，成为人力资源，就要有文化素养；要具有文化素养，必须与书籍为友。

　　在当今时代，科技迅速发展，信息如潮涌，阅读更是必不可少。阅读对个人、对民族有无可替代的重要性。有位孤傲的诗人曾这样沉重地说："鄙视书，不读书，是深重的罪过。由于这一罪过，一个人将终身受到惩罚；如果这个罪过是由整个民族犯下的话，这一民族就因此受到自己历史的惩罚。"此言值得深味，联系历史与现状思考，更能有诸多感悟。

　　读书是一种美德。正确的阅读动机闪耀着理想的光彩。阅读为了心灵的滋养、精神的成长、思想的充实，为了成为国家建设者的责任担当。这种阅读动机有持久的求知动力，这种动力须付诸实践，须培养勤奋的态度。勤奋与理想结伴，阅读就成为一种美德，认真持久地读书，日积月累，成效就会显现。

我一直以此
为座右铭，由于
不"善读"，去今未
脱愚．愧甚！

"书犹药也，善读之可以医愚。"西汉目录学家刘向这句话催人警醒。一个人要脱离愚昧状态，少做愚蠢事，就要服"书"这种"药"。不仅要服用这种药，而且要"善读"，要知情达理。读懂书中所言所思，从中明做人之理，明报效社会国家之理。人之所以成为人，要不断医愚治愚，书是脱愚的宝物。

读书要树立宝藏意识，饶有兴趣地寻觅人类精神文明的宝库。兴趣是最好的老师，有兴趣，就有一股劲儿去追求、探索。兴趣来源于好奇，来源于憧憬的目标。《庄子·列御寇》中说："夫千金之珠，必在九重之渊而骊龙颔下。"有探宝、寻宝、珍爱宝藏的意识，就会点燃阅读热情，精神振奋地寻找佳作美文阅读，一卷在手，趣味无穷。

　　阅读是一种心智锻炼，要动脑筋思考，遇到障碍、遇到内容较为艰深之处，更要磨磨脑子，方能从中获得启迪。那种一目十行，心不在焉，让书中字句在眼前飞速跃过，看似在读书，实质在神游，眼睛、面孔对着书，未与书中的人与事、情与理进行交流，除了浪费时间，效果极微，甚至毫无效果。切记：读书要锻炼心智，尤其要读经典作品。

　　怎样读书，读什么书，从来是个值得深入探讨的问题，也从来是仁者见仁，智者见智。

190

"想"与"嚼"
结合,妙不可言。

心之官则思，有眼无心，阅读就会浮光掠影，不得要领。用心阅读，就要学会"层层剥笋"，步步深入，由语言文字进入到作品内容的表层、深层，体味其中精髓，把握其价值与意义。古人说"作诗如食胡桃宣栗，剥三层皮，方见佳味"。胡桃、宣栗去除外果皮、中果皮、内果皮，方可食到肉质的美味。读书用心咀嚼，意即在此。

有人说，读书犹如面临战场，与书对垒，须有必胜信念。要读懂它，掌握其内涵，吸收其中精神养料，滋润自己成长；不能不分青红皂白，为它所役使。食而不化，不懂装懂，均为读书之忌。打仗失败是武力的失败，而读书的失败，则是精神的失败。打仗要克敌制胜，读书同样需要精神，要克书制胜。

　　兴趣是阅读的动力。"知之者不如好之者，好之者不如乐之者"，读书不仅喜好，而且以此为乐，是一种人生的享受。达到这样一种境界，书与人已经融为一体，是生活的必需，人生的组成部分。此时此刻的读书，已不是外在的要求，更不是屈于种种外力的"被读书"。这种美妙境界的出现是钻进书中浸润、吮吸的回报。

◇培养兴趣心得谈

读书最忌
装门面。

阅读要学会"照镜子",把自己放进去。"书"写的是彼时彼地彼人彼事,阅读它,你接触的是你的"第二生活"。身入其中,观察、体验、交流、思索,寻找自己的角色,寻找情感的依托,在事理、情理错综复杂的关系中寻找自己思想的答案。

闪光的东西不都是金子。而今,包装盛行,炒作乱人耳目,面对鱼龙混杂、良莠并存的海量书籍,须拿出慧眼来辨识。要选择真金,阅读有价值的读物,不被外表光鲜的野草、毒草所蒙蔽。误选后者,沉湎其中,犹如服毒品,精神上慢性自杀。阅读之前,必须谨记一个原则——绝不滥读。青少年学生尤应如此。

人的心灵怎样发育成长与阅读什么书，阅读到怎样的水平息息相关。阅读最影响人的基本素质，人的价值观。你对社会的价值判断、个人的价值判断，你对当今世界、当今社会的文化的价值判断，很多时候是从阅读经典而来的。阅读优秀作品，高尚的审美情趣就获得了培养，逐步远离低俗。须牢记：阅读影响你的审美观、道德观、价值观的形成。

今天不是书少而是书太多，泥沙俱下，鱼龙混杂，垃圾不少。如果今天我们读书不加选择，泛滥地读，不仅一无所得，浪费生命，有时甚至受其毒害。

必须扎扎实实读几本经典。经典是能够产生特殊影响的书籍，它带着长长的文化遗迹走向我们，经过时间的淘洗，依旧巍然屹立在世界上。在这些著作中，有深邃的思想、精辟的见解、优美的文字，是文质兼备的瑰宝。读了往往心弦颤动，心灵震撼，在心中打下印记，一辈子难以忘却。其中蕴含的丰富宝藏，取之不尽，用之不竭。

读，就要放出眼光来挑选。一个人暮年之时，读点消遣的书还可理解。青春年少之时，读什么书却大有讲究。描写祖国锦绣山川、颂扬中华民族灿烂文化、剖析世界风云变幻、展示科学技术成就、道破千古人生哲理的名著佳作，能使人生智慧、长觉悟、添修养、增才干，要多读，要读好。武打、言情之类的，可涉猎，有所了解，但不能沉湎于其中。

当今为形象美
些镜子比比皆是,
些心灵的确实罕
见。

书，就是一面镜子，常常照镜子，可以正衣冠，除灰尘，提升人的品位与形象。读书，学会照镜子，不是简单地做检讨，批判一下自己的毛病，而是要明是非，辨正误，见贤思齐学做人，增长见识学本领。书是人类进步的阶梯，一本本读，一本本思，逐步攀登，一丝不苟，就会读出真善美的精神境界，沉浸在成长的喜悦之中。

理想的书籍是青年人不可分离的生命伴侣。读书使人明智，使人快乐，使人心旷神怡。书籍浩瀚如海洋，怎么读呢？有的翻翻即可；有的浏览一下，捕捉信息；有的观赏一下，满足审美需要；有的要吞下，咀嚼消化。读书不能平均用力，有的要读全文，有的只需挑着读，拣着读。既要精读，又要博览，目的不一，方法各异。

　　经典作品的阅读要充分发挥自主性，不是靠别人灌输，而是要虚心自己汲取。汲取，就要努力发现，努力提出问题。《礼记·学记》中以撞钟比喻"学"和"问"的关系："叩之以小者则小鸣，叩之以大者则大鸣。"经典好像是学富五车、教学经验十分丰富的老师，敞开胸怀等待读者叩问，得益多少全视你"小叩"还是"大叩"，用怎样的心力去叩。

腹有诗书
气自华。

有些诗文是需要记诵的，尤其是古诗词，背诵，积累，终身有益。一讲到记诵，就认为是死记硬背，有些人就反对。殊不知腹中空空，心灵难以发育。优秀诗篇蕴含着深厚的中华文化，可说是智慧的源泉；优秀诗篇是语言的精华，生动、形象、凝练、精辟、言简意赅，熟读、背诵，能收丰富语言、积淀文化之良效。

阅读要善于联想、想象。读书的过程非常微妙，读到高山大川，脑中会浮现巍巍高山、江水奔腾的图景；读到小说或人物传记，主人公的音容笑貌似乎就在眼前。这是由于想象、联想在发挥作用。它们使抽象的文字形象化，使读者能思接千载，视通万里，那种遨游、造访的快乐难以言表。它们作用发挥的大小是以读者的学习积累、生活经历所决定的。

　　读书贵在有所发现。发现不限于寻求人类尚未知晓的事物。在阅读别人经过实践、经过研究后写下的人生启示、社会蓝图、历史轨迹等书籍时，切问而近思，能有自己特有的认识。在遣词造句、文章脉络、写作主旨、言外之意等诸多方面均可探究。不是机械储存书中的各种信息，而是经过头脑思考，识别、筛选、评价、重组、整合，见人之所未见。

倡导读书有所发现，旨在培养探索精神。阅读要真正有收获，必依靠阅读者自身强烈的兴趣，探究的精神。读书最怕提不出问题，在书的浅层飘来飘去；提不出问题在于发现不了问题，未用心思考，缺乏探究寻根问底的眼光。"读书无疑者须教有疑，有疑者却要无疑，到这里方是长进。"读书有疑、生疑，进而析疑、解疑是取得成效的基本条件。

读书，贵在读出味儿。读出味儿，海阔天空尽收眼底，就能心领神会。阅读者的内心与作品中的外物产生感应，思想会空前活跃，智慧能迸发火花，对语言文字表现力的感悟会有突破性的进展。有的文章看起来平淡如水，深入咀嚼，方能捉摸到其中的奥妙。看似平常实则高妙，往往是在构思上独具匠心。构思是"驭文之首术"，探索其特色，能品尝其中运笔的高妙。

真正的读书能增加人生的分量。

教师应是读书人。读书，表明一种身份，一种文明，一种境界。以书为师，以书为友，是终生奉行不二的信条。

教师必须是读书人。传道、授业、解惑，须臾离不开书。道不明，业不精，又如何"解惑"？自己有源头活水流淌，才能恩泽学子一二。

任何一篇佳作，都有其特定的背景及特定背景下产生的思想感情，都有明确的写作意图，以及表达意图的种种写法，这就构成了文章的个性。精读，就要读出文章的个性；只有读出文章的个性，才能真正体味到文章的佳妙。读出文章的个性，文章就不是平面的文字，而是活的、流动的、立体的，文中珍奇佳妙之处就会印入脑中，增进知识，形成能力，融为学养。

往往迷恋共性，不知个性为何物。

204

任何好的作品，都是作者有强烈写作冲动的产物。胸中热情似火，有非写不可、非写好不可的迫切愿望，就会思绪纷呈，妙语连珠。这种强烈的感情，大而言之，针对国家社稷、黎民百姓；小而言之，事关家事、亲情、友情。阅读时，切不可停留在文字表面，要"披文以入情"，通过对文字的咀嚼、剖析、体味，遨游于情感的海洋，领略文章的真性情。

文学创作是复杂的精神劳动，文学家在创作实践中不断探索，就形成自身作品的风格。或奇伟，或险壮，或瑰丽，或温润，"各师其心，其异如面"。风格的土壤是生活，不同的环境不同的经历，铸就了作品不同的风格。阅读不同作家的不同作品时，要把握每一滴露水在太阳的照耀下闪耀着的特异色彩，不能要求玫瑰花和紫罗兰发出同样的芳香。

有些佳作名文，抒情浓烈，议论精辟，笔锋深入之处，有震撼心灵、唤醒世人的作用。阅读这类文章，要学会抓准石破天惊之笔。石破天惊之笔的出现，绝非空穴来风，因而要善于梳理作者的思路，善于梳理感情的脉络。这类文章往往将浓郁愤慨之情寄寓于叙事之中，议论层层深入。

有的"醉心于
还原，完全还原
得了吗？

阅读有两端，或者叫两极，一端是作品，一端是读者。作品有其原意，读者阅读又离不开自己的主观意识。文本解读第一层是作者的原意；第二层是文本的意义，是作者在写作时未曾想到，而在历史的进程中产生的丰富的意义；第三层是读者，有一定的主体阅读的意识。解读文本，几乎不可能和作者的原意完全复合，只是尽量接近作者的原意。

由于时间与空间的差距，解读有差异，就不必大惊小怪。从理论层面说，解读可复合阅读，可生成阅读，可创造性阅读，也有颠覆性的阅读。文本已被解读过，照原来的理解读，是复合阅读；在原有的意思上多了自己的体会，此时的意义是叠加的，有了新的生成，是生成阅读；创造性阅读要有深厚的文化积淀，否则就易产生差错。至于颠覆性，往往是逆反心理在作怪。

　　文本阅读，语言是核心。语言是通达作者文本意义的桥梁和中介。离开了语言，无法走进作者的原意来理解文本。语言和文本的意义紧密相连，不可分割。解读的根本目的就是要理解。理解，是人类活动的基本形式，是文本解读的根本方法。跨越时空，通过语言形成整体感悟，达到和作者视界的交融。浅读，误读，都是在理解上出了毛病。

　　阅读要有动笔的习惯。善读书者，书不离笔。笔记是记忆的贮存器，人不可能过目不忘，精彩之处记下来，方能常阅常新。笔记又是思维的助推器，读到精到之处停一停，记几笔，思维就转动。笔记还助创造力的发挥。精妙、精准的精神资源多了，打开视野，加工整理，会有新的发现、新的感悟。眉批、摘录、提纲、心得是常用的做笔记的方法。

八 有支灵动的笔

把心交给文字，是一种境界，是一种人生的快乐。

写作是人的生命活力在文字上的展现，生命活力的最重要的是『心』。出于真心、诚心、善心、慧心的人、事、景、物诉于笔端写『作』，把心灵受到震撼的人、事、景、物之汩汩流淌而出，或叙述，或议论，或抒情，皆如清泉一般创造织锦成文的精彩，实乃人间一件快事!

210

语文教师手中要有一支灵动的笔。写，应是语文教师必备的基本功，是语文素养中一项极其重要的能力。语文教育并不奢望语文老师进行文学创作，成为文学家，也不奢望成为理论家，然而，正确而熟练地运用祖国语言文字表达自己真挚的感情，表达对自然、社会、人生、教育的独特感受与体验，却是情理之中的事。自己提笔千钧重，又怎能有效指导学生？

不写，不会写，写不好，绝不能成为常态。

语文教师的"写"，不仅是基本功的表现，更是学生提高写作能力的有力保障。学生要把写作原理、写作方法内化为自己的本领，离不开教师的具体指点。教师进行写作实践，亲自品尝语言文字表达情意的奥妙，深切感受调遣语言文字倾吐心声的甘苦，对学生的指导、点拨就实在、精要，不凌空，不僵硬。点拨鲜活，带着智慧露水，学生就会兴趣盎然。

◇写作指导鳞爪录（上）

中学生为什么要写作文？为的是培养与提高正确运用祖国语言文字以表情达意的能力。不管科学技术怎样发达，电脑使用范围多么广泛，作为一名中国人，用中华民族自己的语言文字表达情意、交流思想，是必要的，不可改变的。语言文字是民族文化的根，掌握它，正确使用它，是一代代中国人义不容辞的责任。

◇写作指导鳞爪录（下）

文章是客观事物的反映，写作的人要反映大千世界中纷繁的客观事物，必然在观察、感受、思考的基础上，有自己鲜明的态度，或悲，或喜，或爱，或恨，或赞扬，或批判，或同情，或厌恶……把这些用文字真实地表达出来，就是有真情实感的文章。"情"是文章的根本，情真，是写文章的基本要求。

热爱是培育写作热情、激发写作冲动的基础。热爱生活，对生活中美好的事物爱慕、敬佩，主动接受教育，以高尚的人文美、雄伟粗犷或雅致灵秀的自然美陶冶自己的心灵，知识增长，心灵丰富，就会有绵绵思绪往外倾吐。热爱生活，对生活中假、恶、丑的东西充满憎恨、厌恶，同样有要说、要写的感情冲动。教师对之要指导、要培养。

变"怕写"为"热爱"，
有大量工作要做。

作文教学不能只见文，不见人。只见文，就会以"文"论高低，见到不顺眼的，就会埋怨、责备，甚至不屑一顾，放置不管。见到"人"，就会有爱惜之心，责任之心，就会有千方百计教好他们的智慧与耐心。少一点功利，多一点师生之间的真情，作文教学就不会是枯燥无味的条条框框，而是灵动的、有趣的、充满生活气息和生命活力的。

学生学习写文章有困难，这是常态。如果一学就会，轻而易举，要我们教师干什么？运用语言文字表达情意，牵涉到认识能力、生活积累、学习经历、文化积淀诸多方面，讲几个写作模式不可能真正提高写作水平。对学生作文说一百个"不行"也不会"行"，关键要精心指导他们怎样才会"行"，把写作的规律和学生认知规律有机结合起来指导。

作文是综合性很强的语文实践，不经过一定数量的训练，写作的要点、关键、窍门何在，确实难以把握，甚至一无所知，用两三篇作文应考打天下，是荒谬的。数量不等于质量，但没有一定的训练量，又怎出得了质量？写文章手熟十分重要。手熟，文字就顺畅流出，否则，疙疙瘩瘩，满纸障碍，别说文章的质量，就是写作兴趣也荡然无存了。

写作文须思想、文字双锤炼。

文章是思想的载体，如果言之无物、人云亦云，即使文字通顺，甚而辞藻华丽，也难以站得起来。意，是文章的灵魂，文章的主帅，是统率结构与语言的。

意，要靠文字来表达。再好的思想，再精辟深刻的见解，缺乏驾驭文字的技巧，文不达意，文章也味同嚼蜡。文章的表现力相当程度在于词句锤炼的功夫。

◇ 参加全国中学生优秀读物评选后与作家
王蒙、李存葆、马烽、理由等同志合影

有一种误解，认为文章写得好不好，主要是语言文字功底深浅的问题，其实不然。语言不是单纯的载体，它与思想情感同时发生。一个人的语言水平与他的智力发展水平紧密相关，与思维方式、情感因素紧密相关。作家汪曾祺曾说："语言不只是技巧，不只是形式，小说的语言不是纯粹外部的东西，语言和内容是同时存在的，不可剥离的。"

教师写文章常题材相同，做法相仿，毛病大抵出在教学实践往往停留在事物的表层，浅尝辄止。因而，写的都是大家说过的话，或者引述几条某某教育家的语录，缺少鲜明的个性色彩，缺少"我"独有的想法与做法。做得深入，想得深入，文章就会亮起来。语言的力量来自于思想的闪光，思想的闪光来自于实践的精彩。

实践是等
一硬功夫。

　　文章的"意"要正确，要激发人们奋发向上，追求美好的理想；要新颖，能开启人们的未见未闻未思；要有一定的深度，能接触到事物的本质。脍炙人口的千古佳作，除文字上匠心独运外，思想上往往高人一筹。思想要锤炼，发现有价值的材料后要深思，在脑子里来一番去粗取精、去伪存真、由此及彼、由表及里的制作功夫，接触事物的本质，认识生活的深层。

锤炼思想不是故作惊人之笔，说大话，唱高调，而是要学会用两只眼睛看世界，看全面，看发展，看本质，看主流，正确地反映事物的真实情况和内在规律。生活中有些现象与本质吻合，有些并不完全反映，甚至与本质背离，认真思考，善于分析，有真切体会，就能形成独到的见解，见之于文章，就会有个性，有新意，不一般化。

运用语言不单纯是语言问题，"言为心声"，语言是思想的直接表现，思想为里，语言为表，思想是语言的内核，语言是思想的外衣。"辞从意生"，思想十分明确，十分清晰，语言也就清楚明白。因此，语言训练时不能只停留在如何遣词造句方面，须同时进行思想的磨炼。想得清楚，才能说得清楚，写得清楚；想得正确、周到，才能写得准确、周密。

　　思想与语言的锤炼可以双促进。思想模糊，语言就含糊不清。要使思想清晰起来，除对事物再认识、再仔细思考之外，可以用语言说出来、用文字写出来后再琢磨、推敲，促进思想清晰起来。写文章实际上是一个使思想逐步成熟、逐步完善的过程，是整理思想和经验，使之明确化、条理化的过程。语言的深刻来源于思想的深刻，对事物精髓能一眼见底，语言表达就能入木三分。

改文字相当程度
是改思想。

俄国诗人纳德松说："世上没有比语言的痛苦更强烈的痛苦。"如何消除呢？要锻炼自己的认识能力、体验能力，对语言的感受力、鉴赏力。对事物的真相认识得越清楚、越透彻，越有独特的感受，遣词造句就越准确，越生动。"一句话，百样说"，怎样说最恰如其分，最有效果？多思考，多比较，对语言的敏感程度就会不断增强。"百炼为字，千炼为句"，抓住一个"炼"字，快乐就会相随。

乐于追求是写好作文的主心骨。文章不是无情物，它是生命的倾诉，心灵的表述。文章质地的高下与心灵追求的程度紧密相连。崇尚真、善、美，摒弃假、恶、丑，文章就能站立起来，给人以启迪、以惊喜、以感染、以鼓舞。如果只是辞藻的堆砌，名家名言的组装，写作主旨不明，无心灵美好的追求，文章就没有力量，浮游，飘忽，无益于写作能力的提高。

　　敏于思辨是写好作文的支撑。要阐述对客观事物的观点，发表自己的主张和见解，就要说理论辩，以理服人。为此，要敏于思辨。对所要阐述的事物，要思考再思考，深入思考，多角度思考；辨别再辨别，纵向辨，横向辨，同类辨，异类辨，弄清事物真面目，把握实质与要领。这样，论辩时就能探幽析微，见解正确、深刻，逻辑性强。

敏于思辨，靠的是敏锐的目光、阅读的积累和对生活深厚的兴趣。思辨能力的形成，非一日之功，要注意培养，不断锻炼，逐步形成敏于观察、敏于思考、敏于辨别的良好习惯。这种能力的形成、习惯的培养不能局囿于写作教学之中，要与阅读教学结合，与课外学习与生活结合。经常明是非、辨曲直、比异同、发主张、阐道理，下笔说理就容易水到渠成。

要写出好作文，须认真学习语言，锤炼语言。清朝著名诗人袁枚说："一切诗文总须字立纸上，不可字卧纸上。人活则立，人死则卧，用笔亦然。"文章的语言"立"在纸上，就有活泼的生命力。怎样才能"立"起来呢？平时要注意语言的积累，阅读中积累，生活中积累。库存充实，使用时选择最恰当的表达，就清楚明白，生动形象，准确无误，文章质地也因之而提高。

要把写好作文的愿望变成写好作文的现实，十分重要的是炼就慧眼与灵心。

古人说："厚积而薄发。"平时积累得丰厚，拿起笔就无脑子里一片"空白"之窘与搜索枯肠之苦。阅读积累、生活积累不可缺少。阅读与生活都是写作的源泉，一给予你丰富的间接生活经验，一给予你直接的生活经验，用眼看，用心思考，久而久之，新鲜的、生动的、大量的写作材料就会涌到你的笔下，供你调遣。

忽视积累，
怎可能言之有
物？

心之官则思。心的功能是思考。要练就敏锐的眼力，须用心看，用心听，用心思考。人在生活之中，心一定要随之进入，才会耳聪目明，将一个个接触到的生动的形象印在脑海里。这些形象不是照相机中机械的留影，而是经过头脑加工的有灵性有个性的鲜活形象。每天用心观察一些事物，日积月累，坚持去做，必有成效。

写作材料就在我们身边，如空气一般无处不在。学生对此常缺乏认识与体会，动笔时有搜索枯肠之苦。要指导学生从五光十色的生活中学会捕捉材料。用心捕捉，进入事物里层，带着感情摄取，挖掘寻找，就能从极其平凡极其普通的事物中发现一般人所看不到的生动、新鲜的东西，就能在平凡之中见深意。

学生的写作兴趣、写作热情、写作态度，绝不是靠教师的几次动员和苍白无力的说教就能形成，而是要用具体、生动的事例，精湛、睿智的语言，深入浅出的文章，细水长流地对学生进行点拨、指导，唤醒他们的写作意识，让语言文字表情达意的美妙，点点滴滴渗入他们的心头。

唤醒不可能
一蹴而就，要精
心、用心、细心、
耐心，锲而不舍。

指导学生写作要抓好三思，即思想、思维、思路。文章的光彩在于思想的发光。"意"是文章的主心骨，下笔之前要深思熟虑，不可看到生活中一点现象就拿起笔来涂涂抹抹。要指导学生在观察和研究生活现象的基础上独辟蹊径，鼓励他们有所发现，有所创造。思想靠平时的锤炼，在听说读写各项训练中，"意"的锤炼贯穿其间，临渴而掘井难以奏效。

写作最忌脑子僵硬，思维不活，因而写作教学全过程都要注意对学生思维进行训练，借助语言进行多角度、多侧面、多层次、多类型的思维训练。低年级尤要注意联想与想象力的培养，高年级侧重分析、综合和推理的能力。训练要善于把握学生思维的"触发点"，"触发点"犹如一团线的头，头拉得好，就会思绪绵绵，让思想插上翅膀。

写作思路的指导得法，脑中积累的写作材料就会如海水激荡，涌起波澜，蓄倾泻之势；如指导不得法，则会框住学生的脑子，使他们犹如步入窄胡同，步履维艰。思路指导宜"放"不宜"收"，但又要在"放"中理出头绪，思而有序。文章无定法，首先是打开思路，鼓励学生进行扩散性的思维。

打开思路是写好作文的第一要义。不要忙于集中于一点，要发散、发散、再发散。

语言是事实和思想的外衣。"言之无文，行而不远"，文章的表现力相当程度在于词句锤炼的功夫。语言文字可贵在表现得恰到好处，谨严而生动，朴素而不干枯，华丽而不浮杂。要指导学生平时多积累，多辨别。广采，精选，提炼，把锤字炼句和表情达意结合起来，把听和写、读和写结合起来，锲而不舍地进行训练，学生笔下会生花，出现意想不到的精彩。

学生作文是学生读、视、听、思、写的成果，如何展现这些成果的优点与不足，激励他们写作的上进心，调动他们练笔的积极性，讲评是一种很有效的方法。作文讲评在活跃学生思维，培养和提高学生分析能力、鉴赏能力和运用语言文字表情达意的能力方面发挥着独特的作用。

作文讲评是写作教学的有机部分，抓习作的"点"，带习作的"面"，抓学生习作中"点"的问题，促进学生"面"上的提高。应把每一学期写作教学的目的要求和学生习作中的情况有机结合，制订切合学生实际的讲评计划，切不可无目的无计划地跟着学生的习作"飘"。教学从来应细水长流，循序渐进，东一榔头西一棒槌效果甚微。

对学生作文
的优缺点深度
擦痒说几句，甘
于白说。

230

修改是文章写作过程中必不可少的一道工序。玉不琢，不成器。再好的材料，再好的构思，写成文章后总会瑕瑜互见，故而，写文章要千斟万酌，再三修改，才能臻于完善。改文章实质是改思想，思想明确，有条理，文章才可能通顺，流畅。修改时须删繁就简，突出主题；反复思考，理清脉络；咬文嚼字，妥帖确切；润色加工，文质皆佳。文章不厌百回改。

训练快速作文的本领，是信息社会的需要。快速作文要求写作速度快，在有限的时间内写出相当字数的文章，而且须符合要求，不是草草了事。要快速，就须训练思维的敏捷性，听别人的话能迅速做出反应，抓住要点与精神。须加强阅读积累，生活积累，目光敏锐，见多识广。写时，须抓住写作要求，快速构思，搭框架，打腹稿，然后下笔成文。

当下，社会快速发展，锻炼思维的敏捷性尤为必要。

　　"感人心者，莫先乎情。"应"为情而造文"，心中有感情的冲击波，流入笔端，形成文章。生活是激起感情的源泉和基础，感情来自对生活的热爱和思考，对理想的憧憬和追求。

　　即事抒情、借景抒情、托物抒情、寓情于理等，是间接抒情；直抒胸臆是直接抒情。不管采用何种方法，都应写出独特的感受，独特的感情。

文章要做到"言之有序"，须在谋篇布局上精工巧作。紧扣中心，组织材料，搭好文章的总体框架，以线索贯串其中。明确每一层次、每一段落的独特任务，力求段落清楚，层次分明。段落与段落之间、层次与层次之间要注意过渡与照应，力求结构严谨，首尾连贯。章有章法，"首尾开阖，繁简奇正，各极其度"，谋篇布局方法可根据文章内容灵活运用。

叙事记人要具体，忌空泛。概述要简明扼要，细写须细致生动，忌冗长。顺叙特别要重视在尺水中兴波，忌平淡无味；倒叙、插叙要注意过渡自然，衔接紧密。选用第几人称要根据主题表达的需要，使用第一人称时，要注意叙述的局限性。使用悬念、抑扬、陪衬、擒纵等方法时要紧扣主题，根据表现主题的需要灵活运用。在记叙的基础上开展议论、抒情，应要言不烦。

写作之确实要懂得一点方法，不是随意说说。

说明须抓住事物的特征。抓事物特征，既要了解它们的表面特征，还要洞悉它们的本质特征和特殊性规律。根据说明对象的情况和说明的意图，可采用适当的说明方法，如诠释与下定义、分类与举例、比较与比喻、数字和图表等。说明须安排合理的顺序，根据事物本身的条理与特征，可按时间顺序、空间顺序、逻辑顺序组织说明材料。这类文章须注意知识性、科学性、条理性和明确性。

常有过人的见解，精彩的话语，令人眼前一亮。

学生多写随笔是很有意义的事。学生兴之所至，信笔悠悠，高唱低吟，描摹感叹，生活流动的河展现笔端，享受写作的欢愉，应该支持，应该鼓励。要让学生知晓：写随笔是个性化的行为，千万不能人云亦云。写所见所闻所想，是"我"在一定时间一定场合所独有的，而不是你的、他的、大家的。随笔不"随便"，不"随意"，应是思想的精华，语言的奇葩。

随笔与命题作文的写作，并非截然对立，把握其中要义，二者可相互渗透，相互促进。随笔写得多，观察世界，品味人生，视野开阔，思维活跃，写命题作文时有意无意迁移这些优点，就会打开思路，生动的形象、多彩的语言会奔涌而至。命题作文时的用心思考、缜密构思，把握框架结构、注意细枝末节等用之于笔，其内涵就更加深刻，语言也更经得起推敲。

做教师真好，整天和学生打交道，追求，憧憬，幻想，似懂非懂，和他们在一起，心总是年轻的。

九 用力于『聚焦』

愚者自以为是，庸者麻木不仁，凡夫指手画脚，孺子急功近利。一校之长须做明白人，肩挑与国家大业兴衰、百姓生活幸福息息相关的重任，要竭尽全力团结全校教职员工聚焦于学生的培养。

康德说：把学生的生命培养成人，是至高无上的责任，也是至高无上的光荣。

『什么是教育的目的』，人就是教育的目的。

学校里最大的事就是一个心眼为学生，为学生今日健康成长，明日长足发展。因而，什么事都可以拿到桌面上讨论，各抒己见。公开，透明，集思广益，背后的叽叽咕咕缺少市场，无须评判，声音就稀少，乃至匿迹。心往一处想，劲往一处使，才是真正的凝聚力。聚焦学生成长，校风、教风会升腾起正气。

学校是传递和弘扬精神文明的阵地，是培育学生成长、成人的神圣殿堂。它必须有自己的精神支柱，不能随大流，不能跟风追风，要坚持不懈地弘扬社会主义正气，识别与抵御歪风邪气的侵袭，营造学生健康发展的良好环境。环境育人，尤其对青少年学生而言，熏陶感染，润物无声。近朱者赤，近墨者黑，已被无数事实证明。

社会转型时期，主流价值观与非主流价值观并存，学校面临严峻的挑战，如何构建学校的价值取向，是严肃的绕不开的问题。且不全面论说，单是"义"和"利"如何处理如何把握就关系到办学的方向，办学的质量。以往是重"义"轻"利"，讲奉献；今日"利"放在一定的位置，仍然须有制度的约束、人格的提升和思想的教化。

价值取向往往是诸多矛盾、许多问题的根源。

◇ 在长宁区教育局
　的报告

学校文化是一张名片，是学校的灵魂。学校的任务是传承中华传统优秀文化并加以发展创新。不注重"文化育人"，只在技术层面兜圈子，学校就越来越没分量，质量也就缺这少那，学生的全面发展会受到极大的障碍。须知：文化无处不在，无时不在，浸润渗透，不知不觉。

社会上允许的，学校不一定允许；社会上流行的，学校不一定提倡，不能把学校的文明等同于社会上一般的文明，不能把学校的风气降低到社会上一般的风气。学校是育人的场所，必须反映最先进的文化，创建最健康、最积极向上的风气，让学生一进校门，就有神圣感，就有如沐春风的感觉。

学校文明对社会文明应起引领作用。

　　社会上的多元价值、多样文化、金钱至上、功利泛滥，给学校办学带来严峻的挑战。怎么应对？发牢骚，撂挑子，马虎行事，得过且过，无疑是退出阵地。关键在于我们自己要有办学的"定力"，做到"自胜者强"。篱笆扎得紧，野狗钻不进。学校正确的办学理念要风吹雨打不动摇，努力建设一支德才兼备的教师队伍，悉心按照教育方针培养学生成长成人。

以"分"论短长，
一"傻"遮百丑，
为谁学习的教育
我们太缺失了！

学生求学，学习目的、学习动机的端正是为人为学的基本准则。人生迈出第一步时，就应把基础夯正、夯实。有人说："这是老古董，今日求学就是为自己。"培养目标偏离准星，中华优秀文化中为人、为学的志气与骨气不知不觉丢失。这方面，学校必须有所作为，个人价值须和社会价值和谐统一，指引学生走正确的人生道路。

基础教育教的是知识的"核"，是最不易老化的。基础打得扎实，牢靠，终生难忘，终身有用。为此，教学要在准确无误上下功夫，讲究科学性、严谨性。

打基础，不能局囿于知识的记忆，还要把获得的知识作为认识事物本质、训练思维能力、掌握学习方法的手段，培养分析问题、解决问题的能力。

要做到牢固树立育人的大目标，就要研究和深入到学生成长中的三个世界——生活世界、知识世界、心灵世界。以德育为核心，促进他们生活上健康、开朗、自理、自立；促进他们爱学乐学，善于求知，勇于探索；促进他们丰富心灵，提升思想，奋发向上。三个世界要和谐发展，不能只重其一，不重其他，要坚持质量的全面提高。

片面质量观在不少人的脑子里已形成定势。

◇ 上海市庆祝教师节晚会上

学校工作如果形成这样一种格局：一个人用脑思考，大家动手动脚，这是很悲哀的。学校里每个人都应各司其职，都应独立思考，充分发挥自己的自主性、积极性、创造性。不动脑筋，人云亦云，不要说工作的开拓、创新，就连基本的质量也难以保障。改变懒汉状态，才能真正做工作的主人。

学生在闯了祸乃至犯了错误的情况下，教师的态度特别要冷静，要耐心。语言粗暴，情绪激烈，不仅于事无补，而且易产生难以调和的矛盾。弄清楚事情的来龙去脉，把握该学生的个性特点，将心比心，公正处理，是教师思想感情的锤炼，教育能力的提升。学校碰到这类事情，要持冷静、宽容的心态，多多提醒教师，切不可火上浇油。

掌控能力必不可少。

文化是无处不在的。如果不主动积极抓住学校文化的建设与发展，就会在粗俗文化、西方入侵文化的侵蚀中随波逐流，渐渐失去主心骨。我们培养的建设者、接班人，如果没有很强的文化判断力，是非不分，美丑混淆，甚至错把腐朽当神奇，日后怎样为社会服务？学校文化的创建，学校每个部门都有责任，都应有所担当。

一所学校应下决心、花力气形成自己独特的优良文化。这种优良文化绝不是在"零基础"上起步，而是在继承中创新。要静下心来了解历史传统，传承其中精华，要用时代的活水和正确的观点加以阐发与充实。扎根于学校土壤的文化，有历史的孕育，有时代的滋养，更有生命力，更能养育师生。

培养青少年，使他们健康成长，是全社会的事，人人有责。

社会文化传播者也要讲点良心。为了吸引眼球，创造暴利，用快餐文化、粗俗文化、垃圾文化，乃至黄毒文化挤压优秀文化，污染文化环境，最易受害的是缺少生活经验、文化积累不够、文化判断力不强的未成年人。家长、学校要管起来，文化部门更应管起来，挑起激浊扬清的责任。

对民族文化精髓的部分无论如何不能随便丢弃，而我们有时却把好的东西糟蹋得很厉害。如果数典忘祖，学校教育也好，家庭教育、社会教育也好，就变得浮游无根。丢失了文化的生命力、感染力，要把学生引向何方？

校园文化建设有三个层面：一、实践层面。学校文化不是标语、口号，说在嘴上，而是要认认真真实践的。二、制度层面。制度文化的创建是把学校教育理念化作制度，以适应师生内心的需求。三、精神层面。是心灵的养育，理想信念、道德情操、仁爱之心、学识追求渗入学生心田，获得精神成长。

教育要打开学生的心门。教育是教心的工作，不知心无法教心。打开孩子的心门，孩子能与你思想交流，感情交流，你已经成功了一半。办学校，要真正以学生为本，就要弯下身子了解学生的所思所想、所喜所恶、所爱所恨。不仅要把握年龄段的特点，更要把握时代、社会、家庭因素在他们身上的影响与反映。知心功夫下得深，教心就会创新思维，创新方法。

知心才能良心，不知心
何以良心？

一名学生碰到一位好教师，那是终身的幸运；一所学校拥有好些位德才兼备的好教师，学校的一片天就被撑起。

学校不仅要培养学生成长，更须引领和促进教师的成长、成熟。在教育实践中，师生同成长，共进步，就为学校教育质量的提升拓展了无限的空间。

学校教育质量说到底是教师的质量，没有高水平的教师队伍，就没有高质量的教育。建设一支德才兼备的教师队伍，是百年大计中的大计。学校抓教育质量，首先要抓教师的质量，而抓教师的质量，须着力于"建设"，着力于关心、培养。通常情况，学校对教师的使用考虑得多，培养考虑得少。应换个思维，培养重于使用，使用中培养，发展空间才能不断拓展。

◇ 学校长廊上

名校应出名师，
学校培养出好些名
师，才是校长的真
正的"政绩"。

　　教师是学校的宝贵财富，校长是学校培养教师成长的第一责任人。在教育实践中，听课、评课、交流、探讨，站在理论和实践结合的高度研究教学规律，是极其具体生动的活的教育学。教师在创建"活的教育学"氛围中成长、提升，品尝到教书育人的快乐与美味。离开三尺讲台谈培养，无丰富的课堂教学实践，难以产生卓越教师。

学校要培养出在各学科教学领域出类拔萃的教师，不在数量多，但质量上要真正堪称一流。这种教师的出现有其自身的天赋，具备教师敬业爱生的特有品质，但学校为他们创设发展的空间，搭建展示的平台也十分重要。校长不仅要有敏锐的目光发现，更要有宽宏大量的包容。人无完人，各有个性，关键在能看到他们对业务锲而不舍的钻劲和蕴藏深处的潜能。

◇ 奉献——教师的天职

◇ 与青年教师交谈

教师成长有规则，有规范，"没有规矩，不能成方圆"，但这仅是为师的底线。优秀教师的涌现一定是各自的优势在宽松、和谐的环境中充分发挥的结果。思想要解放，鼓励教师发挥各自的特点、优势，创造教学新业绩。备课、教课、处理作业都模式化、程式化、标准化，也许会在分数上取得一点效果，但丢失的是教师的主动性、创造性和成才的机遇，成本太大，得不偿失。

优秀教师的培养切不可停留在坐而论道的层面。论坛上交流碰撞，教研项目中成果陈述，发表几篇文章均不可少，但更为重要的是在实践中压担子，在教育实践、教育任务、教研科研中跌打滚爬，反复体验，积累正反面经验，摸索教书育人规律。教育理念上豁然开朗，教学技能上有独特风格。这种实践锻炼，是敬业精神的考验，意志韧性的锤打。百炼方能成钢！

　　青年教师的培养是学校重中之重的大事。政治上关心引领，教育教学上热情帮扶，生活上关心照顾，一样都不能少。青年教师是学校教育的未来，要采用适合他们青春特点的多种多样的方式培养。要激发他们的成长热情与继续求知的兴趣，增强他们从事教育的定力与热爱学生的责任。要和青年教师交朋友，知心交心，让他们感到学校的温暖，成长的快乐。

◇ 如何迎难而上，
站在课改前列（上）

◇ 20世纪80年代的师带徒

254

校长要有一双慧眼，发现每一位教职员工的特质，善于扬长避短，放在最合适的位置上，让他们充分发挥自己的优势，发挥最大的正能量。万紫千红才是春，花形、花色、花味、花期各不相同，搭配得好，就春色满园。善于发现是智，敏于宽容是德，抓住时机，不仅人获得培养，而且无形中化解了许多矛盾。

教育思想是教育实践的灵魂。教育思想端正，实践时目标明，方向正，教育质量才能真正提高；反之，则会越走越偏，对学生成长极为不利。千万不能口说怎样的教育思想，行的却是另外一套。魂不附体，体必羸弱无力，前途迷茫。

教育总是追求理想。

我们追求的理想是学生好学、爱学、乐学，德、智、体、美全面发展，健康的个性得到张扬；教师喜教、爱教、乐教，教学个性充分发挥，教学风格百花齐放，摆脱分数与升学的压力。师生平等友爱相处，学校是教学相长、"人的完成"的诗意家园。

再难，再多的干扰，也要追求理想，矢志不渝。

孩子成长需要足够的空间与时间，小天井里长不出参天大树。过分计较分数会大大束缚孩子的好奇心、想象力，束缚他们自由挥洒的天性。首当其冲的是调皮好动的男孩子。粗粗拉拉不是缺点，是没有长成，是待发展。<u>千万不能把他们的成长用分数的绳索扼杀在摇篮里。</u>

如果各学科教学的机械操练成为学校教育的主旋律，那么学校就成为工厂，变为生产解题的操作工或操作能手。先标准化学生，再标准化教师，丧失的是个性、灵性，让育人的神圣职责消解，这不能不说是教育的悲哀。办教育的必须清楚：教育是技能，但更是哲学、艺术，教学是心灵与心灵的交流，思想与思想的碰撞，生命与生命的对话与拥抱。

考试是检测与选拔的手段。检测的目的在于了解教与学的情况，如何加以改进，选拔的目的也不说自明。而今是错把手段当目标，以考定教，以考定学，以考办校，教育的本质被急功近利的思潮与做法异化，变得失魂落魄。应试作为笼罩学校工作的中心思维，不仅学生在反复操练中丢失灵性、自主发展受到压抑，而且难以出现思维活跃、视野开阔、业务精湛的优秀教师。

把分数人为地抬高到犹如原始社会的图腾一般，顶礼膜拜。其实，任何一张考卷考不出学生的综合素质，即使是某个学段中某个学科某些章节覆盖无遗也非易事。以分数来评判教学质量的高下，评判学生的优劣，究竟有多少科学性？育人与育分错位，会造成怎样的恶果？只有将这些问题真正想清楚，珍视学生的生命与发展，才能从分数的桎梏中解放出来。

减轻负担，不能只做加减法，简单从事。哪些是合理负担？哪些是不合理负担？不合理的是如何形成的？学校、家庭、社会各充当了什么角色？哪些是教育理念问题？哪些是选拔考试问题？哪些是功利政绩观的问题？哪些是商业利益链问题？哪些是体制机制问题？凡此种种，总要综合考虑，开展综合治理，方能奏效。学校能做哪些，抓准了，坚持做，必对学生有益。

单打一难以
奏效.

　　求学读书为了什么？为明做人之理，明报效国家之理。如果我们培养出来的学生只以个人为中心，以追逐名利享乐为目的，缺少服务国家、服务人民的社会责任感，那是教育的失败，有辱历史赋予的重要使命。办学校，这一点须抓牢不放。不是嘴上唱高调，要在班主任工作、团队工作、学科教学中坚持不懈地渗透，深入细致地落实。

◇ 与学员探讨德育内涵

健康的心灵寓于健康的身体。身体是否健康关系到一个人一辈子的生活、工作、学习。当前，学生的体质不容乐观，视力下降，耐力、爆发力差，许多体育锻炼项目不会、不适应、不参加，令人担忧。我们不是培养玻璃娃娃，不能用圈养的方法让他们碰不得、摔不得，不能经受风吹日晒雨淋。我们培养的人要体格健壮，精力充沛，意志坚强。

身心健康，缺一不可。

教师参与学生体育锻炼能极大地激发学生体育锻炼的积极性。此时此刻，师生之间的界限几乎自然消失。伙伴、竞争对手，那种思想放松，目标一致的追求，形成一道美丽的风景线。教师经常到操场上走走，尤其是班主任，对学生也是一种鼓励和引领。

谁都知道"因噎废食"是不对的，"废食"是要饿死人的。可有时我们偏偏这样做。怕出安全事故，中小学校陆续撤走了单杠、双杠、跳高架、爬杆等等。大多数学校体育设备十分寒碜，有的几乎没有。学生的奋斗精神、冒险精神、坚韧精神怎样培养？花房里是培养不出体格健壮、性格坚强的人的。

课外天地
广阔，就是让
学生多接触一
点天地之气也
是十分有益的。

学生在成长中对体育、艺术、科技小制作等都有内心的渴求，参与的冲动感，课外的天地正是他们融长知识、长见识、长身体于一体的重要场所，刚强、勇敢、奋斗、合作、审美、创新，从其中孕育而出，磨炼而出。思维的灵敏度、身体的协调性、同伴的亲密度都会获得锻炼。开展符合学生身心发展的课外活动，学生就会生龙活虎，快乐成长。

◇ 参观访问

青少年学生都有兴趣爱好，都有各自的追求，学校不仅要保护，而且要千方百计提供条件，满足他们的要求，发展他们的爱好。组织各类社团，科学的、文学的、艺术的、体育的，包括信息技术的等等，让每个学生都有机会，都有展示平台，而不是只为了参加某种比赛，为了获得某种奖项，装点学校门面。

面向全体学生不能只说在嘴上，写在纸上，要落实在行动中。

抓体育当然要抓技能技巧，要抓球类、田径等竞赛项目，但贯串其中的应该是体育精神。那种团队精神、规则意识、勇敢拼搏、机智灵敏，是青少年学生身心成长极佳的养料。抓牢体育精神的培养，不仅能使学生体质体能和体育技术受益，而且人的品德、待人接物也会有明显的进步。体育不只是一门课，还是学生发展成长的重要方面。

体育测评一定要求其真，弄虚作假是对体育的亵渎。对学生的体质与运动潜能要有足够的预测，因材施教，逐步提高。体质增强，运动技能技巧提高，靠的是持续不断地锻炼，想毕其功于一役，不仅不可能，而且易发生意外。教育从来是细水长流的，要有耐心，要有韧劲，体育教育也不例外。

　　一般来说，男学生热爱体育活动是天性，打球、跑跳十分正常。但有人看不得学生在操场，总要把他们赶进教室做作业，理由是心散了，影响学习成绩。课外时间学生在操场上活动到底可不可以？挤压学生时间，抑制学生兴趣，整天做作业，学习能提高吗？得不偿失的背后是教育思想有问题。

◇ 登上天安门城楼

　　人活着，是要靠精神力量来支撑的。有了精神力量的支撑，脊梁骨就能挺直不弯。

　　我就读的镇江中学的校训"一切为民族"就是我的思想脊梁，几十年来它一直支撑着我在教育生涯中风雨兼程。

十 创建精神家园

了解中国文化的"根"和"魂",是要解决中国人就是中国人、中国人爱中国的问题。文化价值失落,人就找不到自己的精神家园,于国于民,都会发生危机。

立民族精神之根,树爱国主义之魂,是每个教育工作者、每个青少年学生责无旁贷的担当。

中国是世界上唯一维系了五千年文明而没有中断的伟大国家，根深、枝繁、叶茂。传统文化的丰富性、复杂性、多样性世界罕见。文化传统中孕育出的天降大任的历史使命感哺育了无数仁人志士，哺育了无数民族的脊梁。翻开历史典籍，会被无数惊天地、泣鬼神的人和事所感动；历史的深厚积淀是今日要选择的"根"和"魂"。

中华民族之所以历经内忧外患，五千年打不烂、摧不垮，归根到底是民族文化、民族精神的支撑。民族经济可不断变革，民族政治也因各种因素而变迁、变革，而民族文化是一个民族的深层性格，是一个民族的语言、信仰、价值观、生活方式和思维方式，只要有民族脊梁在，这种文化就压不垮。对此缺乏认识，缺乏敏感，就会迷失方向。

历史虚无，必然不知道自己来自何处，更不知道路在何方。

◇ 去中国语言学会成立大会途中

中华优秀传统文化，积淀着中华民族最深沉的精神追求，包含着中华民族最根本的精神基因。中华文化有精华有糟粕，但它所积淀的核心价值基本未变，讲仁爱、重民本、守诚信、崇正义、尚和合、求大同的理念，是涵养社会主义核心价值的重要渊源。取精华，除糟粕，传承精神命脉，能让青少年学生的心灵获得丰富的滋养。

270

对传统文化视而不见，或任意鄙薄，不是无知，就是缺乏民族自信。了解并学习西方文化，无可非议，要有国际视野，非了解不可。但绝不是"抛却自家无尽藏，沿门持钵效贫儿"（明哲学家王守仁）。社会上流传种种崇拜洋人、鄙视本土的论调，乱人耳目，在这种情况下，对青少年学生进行"根"的教育尤为重要。

可悲地有些人不知"自家"有何宝藏！

中华传统文化中的优秀精粹犹如醍醐，充满智慧；犹如琼浆，甘醇醒脑。早在春秋战国时期，那些至圣先贤研究人、研究人生、研究人类社会，从众多方面做了极其深刻的思考，阐述得深邃透辟，那种认识人生、认识社会的穿透力至今令人震撼。民族传统文化经历了绵长时间的检验、淘洗，留下了极其丰富的宝藏。这种大智大慧的思想结晶彪炳千秋。

◇古诗文授课实录

学生成长时期，应引导他们吮吸中华文化精神养料，懂得立人、修身的道理。这样，一辈子受益不尽。就拿价值取向而言，传统文化精粹的价值取向看似离我们很远，实质上与现代人很贴近，血脉相通，其中许多指向仍然是今日做人的基本参照。"己所不欲，勿施于人"，这是两千多年前的文化智慧，今日依然光彩照人。自己不想干的事，不要强迫别人干，这是道德的底线。

此类智慧，此类金玉良言俯拾便是，关键上一要知晓，二要践行。

了解过去，承认过去，目的在创造未来。忽视传统，丢失优秀文化传统，是悲哀；一切照传统办，亦步亦趋，是盲从。要以科学的态度进行梳理，有的要继承，有的要扬弃，根据时代发展的要求，举其中精要丰富内涵，加以发展创新。要研究师生最需要怎样的精神世界，又缺失怎样的精神支撑，有计划有针对性地进行优秀传统文化教育，温暖他们精神的内在需求。

作为一名中国人，首先应该用深厚的民族文化来滋润自己的心灵。众所周知，法国人不能不知道拿破仑，美国人不能不知道华盛顿，英国人不能不知道莎士比亚，对中国人来说，如果对孔子、墨子、老子、庄子、孟子、荀子都不知道，对《诗经》、《楚辞》、唐诗、宋词全然无知，怎么说得过去？文化的底子是做人的根，底子深厚，才能枝繁叶茂。

母语宽厚地孕育涵养着每一个子民，全息地体现着民族流动不息、丰富多彩的生活。母语教学绝不只是识多少字、做多少练习、写几篇文章，而是使学生在理解祖国语言文字的同时，受到民族文化的教育、民族精神的熏陶和民族情结的感染。余光中先生说得好："中文乃一切中国人心灵之所托，只要中文长在，必然汉魂不朽。"

汉语是联合国的六种工作语言之一，也是世界上使用人数最多的语言，我们理应为之骄傲与自豪，无须感到自卑。由于外语的过分炽热，汉语被冷落，国人不那么重视母语了。须清醒地认识：汉语言文字记载着中华数千年的灿烂文化，这个"形体"不是无生命的僵硬的符号，而是蕴含着中华民族独特性格的精灵，它本身就是文化。热爱母语，以母语为荣，是我们的责任。

民族文化是培育民族精神的土壤，是一代代人赖以栖息的精神家园。朱自清说："文化是承载人灵魂的地方。"文化就在人的身上，是人表现出来的。每个人都是文化的携带者。文化的携带者最为关键的是对文化是否自觉。教师要有自觉的文化担当，对中华优秀文化要坚守，要传承。

学科教学必然要传授知识，而知识是附着在文化的肌体上的。教学时有文化支撑，知识就是生动的、鲜活的，而不是孤立的、机械的。文化是一条奔腾不息的河流，从古流到今，积淀在河床上的有史韵，有义理，有诗意，而这些又和种种知识融为一体，难舍难分。知识有了这些积淀，血肉丰满，生命绵长。

教师必须有文化积淀。教学时信手拈来，左右逢源，学生会全神贯注，喜不胜收。

　　学生在学习、使用祖国的语言文字时，能主动感受语言文字丰富的文化内涵和审美价值，提升自己的文化品位，深化热爱祖国语言文字的感情，相当程度得益于教师的言传身教。教师钟情中华文化，心系中华文化，在教学实践中锲而不舍地撒播文化种子，引导学生深刻体会语言文字是民族意识、文化传统和道德观念的载体，关系到国家统一、民族团结、国际交往，学生会增强学习的自觉性。

◇ 读杂志也是一种享受

语文教材中许多诗文都从某一个侧面反映了中华传统美德。在金钱至上、见利忘义的社会，人情必然薄如纸，一碰就破，乃至不碰就破。传统美德中人与人之间十分重情义，父母情、兄弟情、亲朋情、师生情、故乡情、山水情等，举不胜举。教师只要做有心人，通过语言文字的咀嚼、推敲，把情感的甘霖撒播到学生心中，浸润、感染，久而久之，就会在学生心中生根发芽。

人重情义方能真正脱离"动物"状态，这种情义是健康的、原生的、纯真的、无价的。

为什么有些充满激情、充满睿智、充满深刻内涵的佳作，学生学起来并不振奋、味淡趣寡呢？关键在文章的精神没教出来，人为地使文章"失魂落魄"。要使所教的文章鲜活起来，学生从课文的学习中有文化认同，教师就要变无意为有意，从语言文字到思想内容的探究，从思想内容到语言文字的体味，识得其文化精髓，让文章的精、气、神站立起来。

中国是诗歌的王国。诗词蕴含着深厚的文化，宝藏极其丰富，可以说，上自天文，下至地理，万事万物，皆入诗中。美丽景色、做人道理、高尚情操、审美趣味，应有尽有，对情感熏陶、精神提升、习惯养成、人格塑造，起到无可估量的潜移默化的作用。

279

诗歌中蕴含的思想精华和情感魅力，都是一定的文化浇铸而成。它是诗人生命的冲动。当外物和诗人内心猛烈撞击或交融时，就会形成动人的诗篇，就会产生千古绝唱。诗歌是灵动的，充满了诗人的智慧和灵秀，充满了优秀文化的光彩，教学生阅读，千万不能肢解，不能嚼烂，丢失秀气与灵气。要引导学生读出感情、读出气氛，读出精神，受到感染、启迪。

诗歌之迷人，不读不知其味，深入其中，风光无限，身心愉悦难以言表。

280

要放手，放手，再放手。

诵读是感受文字魅力、文化魅力的一种有效方法。古诗词语言精辟凝练，讲究韵律，乐感极强，平声仄声交错组合，跌宕起伏，节奏鲜明，诵读起来特别悦耳。教学时不能总信奉齐读，也不能只用一个模式。要解放思想，放手让学生自主诵读，拿什么腔读什么调都可以。只要真正进入角色，与诗中景、诗中情、诗中物、诗中人沟通，与诗意、诗情、诗境合拍就行。

厚实的民族文化素养是文化底蕴的基石。教师不应该只是学科教师，首先应是文化人。阅读中面对大师先贤圣者智者，诗云子曰，就如瞻仰一座座丰碑，凝神屏息，深入探究，领悟思想的深邃精辟、文字的隽永精湛，从而品尝到饮琼浆玉液的快乐。不真心诚意，蜻蜓点水，一目十行，在字面上飘，不仅不能入心，而且浪费时间。应力戒。

教师要带领学生切切实实读几本中华经典。经典是历史长河中经大浪淘沙流传下来的具有不朽精神内涵和艺术价值的典范之作，是对宇宙、自然、社会、人生的感悟与思考。它的思维包容量大，具有延伸性。读经典就是思想爬坡、磨脑子，但每上一个高度，都能有所收获。那种思维深邃之美、哲理思辨之美、语言文字之美、逻辑论证之美，会使你心旷神怡，自我升华。

登峰爬坡用体力，思想爬坡用心力。思想随经典上一个台阶，千山万壑尽收眼底。

文言文教学需有文化视野的观照，而我们常常剥离或挤压掉它的文化特征与意蕴，做文字符号的释义或语法功能的处理。丰富、灵动的文化由于应试的功利心态而在教学中丢失；即使不丢失，也是干枯的枝叶，震撼心灵、感人肺腑的精髓枯萎了。文言文是中华文化某个层面的载体，教学时须通过语言文字触摸、传递、探究文化内涵，给学生以感悟与熏陶。

古代诗文写作有极其丰富的经验积累，理论上论述也精彩纷呈。历代文论与绘画、音乐、历史、哲学相通相融，视野开阔，生动形象，其中有许多民族文化的精华。溯源辨流，取其精华用于今日写作教学，或指导，或讲评，可于增强写作文化分量的同时，激发学生的文化自信心和文化自豪感。古为今用，写作教学有中华文化的分量，它的成色、它的品位将大大提高。

一个人思维活跃的程度与他的文化底蕴、知识构成关系甚为密切。脑子里知识储存丰厚、知识面宽、有文化底气，阅读思考、讨论辨别之时，参照的人、事、景、物、思想、情感、语言就会奔涌而至，比较、对照、分析、判断、推理、创新，独特的体验、个性化的见解就自然而然地形成。"一丝而累，以至于寸；累寸不已，遂成丈匹"，苍天不负勤学之人。

◇ 发展思维纵横谈

布罗茨基曾说:"文学就是一部字典,一本解读各种人类命运的手册,而人的丰富多样正是文学的全部内容,也是它的存在意义。"优秀文学作品是社会各种现象的展示,是人生道路的指南,接受它的熏陶和感化,能使人远离污浊走向高尚,远离俗套走向创造。当前必须克服的弊病是:一读得太少,师生均如此;二挤掉文化含量,关注可能出怎样的考题。

课程设置是培养人的极其严肃的事,不能应景,不能随意随性。

当前进行课程教材改革,课程文化建设在学校占十分重要的位置。今日的课程安排就是明日的国民素质。它不只是技术层面操作的问题,重要的在于育人的理念。统一的课程实施有文化含量的问题,有强化和剪裁的问题;校本课程的建设更是有选择与创新的问题,不能草率从事,不能填空档。首先要认真分析学校人力资源状况,能开设哪些课程。

课程建设实质上就是文化建设，设置哪些课程，要讲究实效。要根据学校师资状况，开设一些激发学生旺盛求知欲、打下扎实的文化底蕴、开阔学生眼界的有质量的课程，提高学生学习生活质量。不能追风、赶时髦，不能搞花架子、凑数，成熟一门开设一门。既然是文化建设，就要在人的文化上下功夫。本校教师、外校教师、社会资源，或培训、或引进，质量第一。

文化对学生有巨大的穿透力，犹如水击石，或冲刷、或细镂，锲而不舍，石头就会变成令人叹为观止的奇形异态。

每位学生都生活在一定的文化氛围之中，由于兴趣、品位的差异和不同文化的感染、塑造，在不经意之中，精神世界的高低就大相径庭。

人生活在社会中，之所以能抵御多种多样的诱惑，文化价值观和文化判断力往往起决定性作用。认真执着地从民族优秀文化和人类进步文化中吮吸养料，就会不断提升思想，陶冶情操，认识社会，感悟人生，塑造优美的心灵。年轻学生缺乏生活阅历，选择读物、欣赏艺术，要指导他们学会鉴别优劣，区别美丑，崇尚健康、高雅，鄙视低俗、污秽。

对青年学生而言，特别值得警惕的是种种腐朽文化、垃圾文化。如黄色、恐怖、消极、颓废等文化，并非都是面目可憎，袭来时常披着乱人耳目的外衣，悄悄地污染心灵，诱发缺乏文化判断力的人背弃伦理道德，乃至形成扭曲的人格，有的甚至坠入犯罪的深渊。网络世界中的肮脏东西，绝不能沾染，如迷醉其中，就失掉了自我。学校、家长对学生的文化生活切不可漠然视之。

要学孙悟空有
火眼金睛。

　　德国哲学家康德曾说："愚昧的人之所以区别于聪明的人，根本在于他不具有判断力。"在当今世界，多样性文化存在，内容繁复，色彩斑斓，形式千姿百态，常从不同角度、不同侧面叩击年轻人的心灵。要学生不接触不可能，关键在培养他们的文化判断力，积极引导他们在文化生活中往高处追求，营造积极向上的文化氛围，以热爱、欣赏高尚文化为荣。

　　要充分利用语文学科中包含的中国哲学、历史、文学、艺术、体育、民俗等多方面资源，对学生进行优秀人文传统的教育和熏陶。不管从哪个角度切入，都要尊重课文本身，挖掘其丰富的内涵，培养学生赏析和判断的能力，绝不是穿靴戴帽，流于形式。深入阐发内涵，不能泛化，要具体、适切、有个性色彩；不可能面面俱到，要突出重点，在感情激荡或理性思辨上下功夫。

中国文化的基本精神是以人为本，崇尚"自强不息""厚德载物"，启发人的道德自觉、人格自觉与信仰自觉。既自身执着追求完美，又海纳百川，包容他人，这种文化温暖人心，推动社会文明和人类的进步。

博大精深，一辈子学习不完，一辈子受益。

◇ 手不释卷

中华民族是历史发展过程中逐步形成的命运共同体，维护这个命运共同体的纽带是文化认同。中华文化的血脉就是在长时期的历史过程中不断加深不断巩固的，数千年未曾中断的根本原因是文化价值的连续性。如"仁者爱人""君子和而不同"等文化基因已进入民族血液之中。民族文化能否光大，不是取决于吸收多少外来的精华，而是取决于优秀文化是否得到很好的传承。

对美好理想不懈追求，生命之花会不断绽放。

中华文化有几个层面。有围绕衣食住行的物质文化，有风俗礼仪、学术宗教、制度法律、文学艺术等制度文化，有道德观、人生观、宇宙观、审美观等精神文化。决定文化面貌、文化特性的精神文化，是一个民族、一个国家的精神追求，是最持久、最深层的力量。青少年学生学习中华优秀文化，就是要修己立人，焕发生命的活力，焕发对美好理想永不停息的追求。

中华文化既需要薪火相传，代代守护，更需要与时俱进，勇于创新。人生需要信仰驱动，社会需要共识引领，国家需要价值导航。中华文化中一些优秀的价值基因跨越时空，焕发生命力，为当代核心价值观输送了厚重的力量。崇尚和传承中华优秀文化与树立和践行社会主义核心价值观一脉相承，学生耳濡目染，增强文化自觉，就能挺直自己的文化脊梁。

文化脊梁不折不弯，是个人的幸福，民族的希望。

中华文化是一种包容性很强的文化，"山不厌高，海不厌深"，唯包容才能百川汇海，唯包容才能不断壮大。我们坚守本土文化，以开放的心态对待外来文化。但须有眼力，学会判别、挑选、扬弃、吸收、改造，以我为主，洋为中用。与外来文化在交流中丰富，在交锋中提升，在交融中传播。文化上的清醒是立身的根基。

文化是民族的血脉，中华文化是我们的精神家园。它滋养心灵，陶冶情操，丰富精神世界，铸就理想追求，是造就人之为人的不竭源泉。抛弃传统，丢掉根本，就等于割断自己的精神命脉。一颗没有精神家园的心灵，不可能思考自己生命的意义和价值，也就不可能对他人有真正的情感关切，对社会有真正的责任担当。这是一种极大的悲哀！